ENÉADA II

Dados Internacionais de Catalogação na Publicação (CIP)
(Câmara Brasileira do Livro, SP, Brasil)

Plotino, 250-270
Enéada II : a organização do cosmo / Plotino ; introdução, tradução e notas de João Lupi. - Petrópolis, RJ : Vozes, 2010. - (Coleção Pensamento Humano)

Título original: *Αινειάδα*

1ª reimpressão, 2025.

ISBN 978-85-326-1007-2

1. Cosmologia 2. Filosofia antiga 3. Metafísica 4. Neoplatonismo 5. Platonistas 6. Plotino, ca. 205-ca.270 I. Lupi, João. II. Título. III. Série.

10-06813 CDD-186.4

Índices para catálogo sistemático:
1. Neoplatonismo : Filosofia 186.4
2. Plotino : Filosofia 186.4

Plotino

ENÉADA II

A organização do cosmo

Introdução, tradução e notas de João Lupi

EDITORA VOZES

Petrópolis

Tradução do original em grego intitulado *Αινειάδα*

Rua Frei Luís, 100
25689-900 Petrópolis, RJ
www.vozes.com.br
Brasil

Editoração: Dora Beatriz V. Noronha
Projeto gráfico: AG.SR Desenv. Gráfico
Capa: WM Design

ISBN 978-85-326-1007-2

Este livro foi impresso pela Editora Vozes Ltda.

SUMÁRIO

INTRODUÇÃO
A cosmologia neoplatônica

As *Enéadas* de Plotino constituem uma das obras mais representativas e influentes em toda a história da Filosofia ocidental. Ao dar continuidade aos temas complexos que vinham sendo desenvolvidos pelo médio platonismo, e incorporando boa parte da metafísica aristotélica, o conjunto de tratados de Plotino realizou uma síntese, havia muito procurada, que, sem ser perfeitamente coesa, consegue ser ao mesmo tempo atraente e estimulante. Sobre o cristianismo, que então vinha se constituindo como doutrina dominante no Império Romano, o neoplatonismo das *Enéadas* teve uma influência muito notável, em primeiro lugar na Patrística oriental, e logo depois no Ocidente, marcadamente em Agostinho e João Escoto Eriúgena. Um tanto apagado pelo aristotelismo mais radical da Escolástica, o neoplatonismo voltou à tona durante o Renascimento, dominou a obra de Giordano Bruno e, através dos pensadores germânicos como Nicolau de Cusa e Jacob Boehme, manifestou-se fortemente no hegelianismo e em todo o pensamento romântico.

Contudo, apesar do reconhecimento geral de que as *Enéadas* são uma obra-chave para estabelecer a relação entre a filosofia clássica e a europeia, particularmente a medieval e, apesar do notável crescimento dos estudos sobre filosofia medieval – e cultura medieval em geral – em língua portuguesa, não existe uma tradução da obra. Limita-se assim o acesso dos alunos de filosofia e de acadêmicos e estudiosos ao contato próximo e demorado com as ideias de Plotino. O pouco que existe em português são traduções de tratados isolados, ou de antologias de textos e tratados.

Ao optarmos por uma apresentação progressiva da obra, e de começarmos pela segunda *Enéada,* temos diversos motivos: 1) A tradução integral da obra será demorada, e é necessário o quanto antes despertar a atenção dos interessados para ela; ao mesmo tempo pretendemos atrair outros intelectuais dispostos a colaborar na tradução e edição, para agilizar a obra completa. 2) Que a edição se faça por partes, uma das seis Enéadas de cada vez, por exemplo, ou por tratados, não é descabido: algumas editoras, como Flammarion e Éditions Du Cerf, estão publicando a obra de Plotino por tratados isolados; há assim a vantagem de poder ordená-los de vários modos, uma vez que Porfírio, ao dispor a obra do seu mestre em seis grupos de nove tratados cada (6 x ενεῦ = 54), não seguiu a ordem cronológica de composição dos mesmos; 3) A II Enéada é aquela que de modo mais completo apresenta a cosmologia neoplatônica, ou seja, a concepção de mundo, o que nos parece um ponto de vista razoável para uma abordagem filosófica do pensamento de Plotino - porém nenhum dos tratados desta *Enéada* mereceu ainda tradução nas antologias de que acima falávamos.

Utilizamos basicamente o texto grego estabelecido por P. Henry e Schwyzer, quer na sua versão própria, quer nas edições posteriores e corrigidas de Armstrong, Bréhier e Faggin que, de modo geral, acompanham o primeiro. Tanto na apresentação do texto grego quanto na tradução, as diferenças entre as quatro edições raras vezes atingem o fundamento doutrinal de Plotino. Por isso só em contadas ocasiões indicamos, em nota, outras possíveis interpretações do texto, quando a variante é mais significativa.

PRIMEIRO TRATADO
O mundo e o sistema celeste*

1 Afirmar que o universo ordenado, na sua massa material, existiu desde sempre e sempre existirá, e que a causa dessa permanência é simplesmente a vontade de Deus, mesmo que seja verdade, é uma explicação incompleta[1].

Os elementos desta esfera terrestre mudam; os seres vivos da terra deixam de existir; só as formas ideais das espécies persistem; possivelmente um processo similar se realiza no Todo[2].

A vontade de Deus tem poder para cuidar do incessante fluxo e desgaste da matéria corporal, porque incessantemente reintroduz novas formas em novas substâncias, garantindo, desta maneira, a perpetuidade não ao individual, mas à unidade da ideia: sendo assim, vendo que os objetos desta ordem terrestre nada possuem além da duração

---

* O título em grego aparece ora como *Peri tou ouranou*, ora como *Peri tou cosmou*.

1. Neste primeiro capítulo Plotino lança não só perguntas fundamentais, mas algumas diretrizes de compreensão: se o universo inclui todas as coisas existentes nada fica de fora dele e, portanto, nada pode vir de fora para alterá-lo; o universo evolui segundo suas próprias forças e princípios: mas aquelas não são todas iguais, há umas mais perfeitas (espirituais, celestiais) e outras menos (materiais, terrestres): é preciso saber se prevalece no conjunto o decaimento da matéria (entropia geral) ou a elevação celestial. A ideia de Plotino acerca da origem do mundo é muito distinta da judaico-cristã; contudo, este início da segunda *Enéada* tem certa semelhança com um aspeto da doutrina cristã: a de que Deus não operou na formação do mundo apenas pela vontade, mas pela inteligência também. De fato Plotino dá a entender que não lhe basta um ato de fé: o mundo é obra divina; ele quer mais do que isso, quer compreender por que é que o mundo só é inteligível pela intervenção divina, e como é que este cosmo se articula e opera. O universo material tem uma inteligibilidade própria que podemos analisar e entender.

2. Este parágrafo é como que uma explicação prévia para compreender a questão seguinte: o que é que no mundo muda, e o que é que não muda? E mais: há diferenças de duração? Pode um ente celestial ser imutável, embora não divino? Ora, quando afirma que "um processo similar (à persistência) se realiza no Todo", Plotino aponta para a eternidade do universo em seu conjunto, mesmo que cada parcela sua seja efêmera.

da forma, por que deveriam os objetos celestiais, e o próprio sistema celestial, se distinguir pela duração?

Vamos supor que essa persistência seja o resultado da omnicompreensão do universo e, consequentemente, da ausência de qualquer matéria externa na qual pudesse converter-se, ou que pudesse penetrar no mundo e introduzir destruição; essa explicação sem dúvida salvaguardaria o conceito de integridade do conjunto, do Todo; mas o nosso sol e o ser individual de outros corpos celestes não teria, nesses termos, explicada a razão da sua perpetuidade; uma vez que eles são partes, nenhum deles é, em si mesmo, o Todo, o conjunto; seria ainda provável que a duração deles não seja mais do que a duração formal, que é própria do fogo e entidades semelhantes.

Isso seria aplicável a todo o próprio universo ordenado. Pois é possível que também ele, mesmo que não estando em processo de destruição vinda de fora, tenha apenas duração formal; suas partes podem estar se desgastando umas às outras de tal maneira que estejam em contínuo decaimento, enquanto, no incessante fluxo, sua substância receberia a forma de um outro princípio; assim o Todo animado pode permanecer sob as mesmas condições que o homem e o cavalo e as outras coisas - o homem e o cavalo persistindo, mas não nos mesmos indivíduos.

Desse modo não teríamos mais a distinção entre uma ordem - a do sistema celestial estável para sempre - e uma outra, a terrestre, em processo de decaimento: tudo seria semelhante, exceto no que se refere ao término do tempo: o celestial teria apenas uma duração mais longa.

Se, portanto, aceitarmos esse tipo de duração como sendo, só ela, como a verdadeira referência do Todo igualmente com as suas partes, as nossas dificuldades diminuiriam - ou até mesmo não teríamos mais problemas - se demonstrarmos que a vontade de Deus é capaz, sob essas condições, de sustentar o universo.

Mas, se temos que aceitar a persistência individual de todas as entidades separadas do cosmo, então temos que primeiro mostrar que a vontade divina pode produzir tal obra; em segundo lugar, temos que encarar a pergunta: Por que algumas coisas têm persistência individual e outras só têm a persistência da espécie? Se as entidades que são partes do sistema celestial apresentam uma duração real, por que isso não é possível para todas as coisas que são partes?

2 Supondo que aceitamos esse ponto de vista, e que sustentamos que o mundo celestial com todos os seus membros possuem eternidade individual, enquanto que as coisas do mundo sublunar têm persistência apenas na forma, fica ainda por demonstrar como é que essa estrita permanência da identidade individual (aquilo que de fato é eternamente imutável) pode pertencer ao que é certamente corpóreo, uma vez que a substância corpórea é algo que flui.

A teoria do fluxo corpóreo é sustentada por Platão e pelos outros filósofos que discutiram questões da Física, e aplica-se não só aos corpos comuns, mas também aos da esfera celeste. Diz ele:

"Como é que podem ser imutáveis, e sempre os mesmos, aqueles que têm corpos e são visíveis?"[3]

E nisso concorda também com Heráclito, para quem o sol está sempre vindo-a-ser. Para Aristóteles, não haveria dificuldade se aceitássemos sua pressuposição do quinto corpo, ou quinta essência[4]. Mas como é possível que aceitem a permanência individual aqueles que rejeitam a hipótese da quinta essência, e sustentam que o corpo do céu se compõe dos mesmos elementos de que são feitos os seres vivos deste mundo? Mais ainda: como podem o sol e os outros seres celestes ser individualmente eternos, quando eles são partes?

Todos os seres vivos são, de fato, compostos de alma e da natureza do corpo; portanto, o céu, se existe para sempre como um, e o mesmo indivíduo deve a sua imortalidade ou a ambas as suas partes componentes, ou a uma só, quer seja a alma ou o corpo. É claro que quem atribui incorruptibilidade ao corpo não precisa da alma para essa finalidade, mas apenas de que ela tem que estar unida ao corpo para fazer a criatura viva. Mas todo aquele que diz que o corpo é em si mesmo destrutível e faz da alma a causa da imortalidade deve demonstrar que é próprio do corpo não se opor à associação permanente com a alma, que não há uma incompatibilidade entre os componentes dessa união, mas que a matéria do corpo tem disposição para levar a bom termo tal resultado.

---

3. *República* VII, 530 B 2-3.

4. *O céu* A.3, 270 B1.

3 Mas então como é que a matéria, corpo do Todo, que está em permanente devir, pode servir à imortalidade do cosmo? Diríamos que é porque ela flui em si mesma e não para fora de si. Uma vez que ela flui em si, e não sai de si, permanece a mesma e não cresce nem diminui; e também por isso não envelhece. Vemos do mesmo modo a terra, que desde a eternidade mantém a mesma forma e massa; o ar não diminui, nem decresce a massa da água; e todas as mudanças não alteram a natureza do conjunto dos seres vivos. Conosco acontece que, embora algumas partes mudem, e saiam de nós, cada indivíduo permanece muito tempo. E quando não existe nada no exterior, a natureza do corpo não discorda tanto da alma que impeça a identidade e a duração eterna do ser vivo.

O fogo procura rapidamente deixar o lugar baixo, tal como a terra não ficaria no alto; quando ele chega lá onde deve parar não devemos pensar que ele esteja tão firmemente estabelecido no lugar que lhe é próprio que não busque, tal como os outros elementos, uma posição em ambas as direções. Mas não pode continuar subindo, porque não existe nada para além; e não é da sua natureza voltar para baixo. Resta-lhe ficar dócil e, conduzido pela Alma para uma vida excelente, de um modo adequado à sua natureza, mover-se para a Alma. Se alguém teme que ele caia, deve tranquilizar-se: a orientação da Alma no seu caminho circular antecipa qualquer tendência ao declínio, governando-o e segurando-o no alto; e já que o fogo não tem nenhuma inclinação espontânea para baixo, fica no seu lugar sem resistir.

As partes do nosso corpo não podem manter sua coesão e pedem porções de outras coisas para que possam perdurar; mas nas esferas celestes, onde não há perda pelo devir, não há necessidade de reposição. Se o fogo se extinguisse, outro fogo teria que ser aceso; e se este segundo fogo se perdesse no fluxo, também este teria que ser substituído por outro fogo. O resultado, porém, é que o Todo vivente não permaneceria igual a si mesmo, apenas semelhante.

4 Mas devemos considerar essa questão em si mesma, e não em relação com a nossa investigação principal, isto é: se alguma coisa no céu se perde pelo devir, de tal modo que os corpos celestes precisem de alimentação – não no sentido estrito e próprio da palavra – ou se as coisas, uma vez que lá se estabeleceram, permanecem naturalmente e não sofrem perdas pelo devir; e também se há só fogo, ou se onde o fogo predomina é possível para os outros elementos serem levados para cima, e lá mantidos pelo princípio dominante.

Teremos uma sólida convicção acerca da imortalidade do céu se levarmos em conta a causa maior, a Alma, junto com os corpos que existam no céu - mais puros e melhores do que os que existem na terra, porque também em outros seres vivos a natureza seleciona e coloca no melhor lugar os corpos de melhor qualidade. Não há dúvida de que Aristóteles tem razão ao falar de chama como uma turbulência, pois o fogo é um tumulto insolente; mas o fogo do céu é plácido e sereno, adaptado à natureza das estrelas.

Porém, o melhor argumento de todos é este: uma vez que a Alma, movida por um poder maravilhoso, fica situada logo depois das melhores realidades, como é que pode alguma coisa que estava nela escapar para o não ser? Só aqueles que não entendem nada da causa que mantém todas as coisas unidas pensariam que a Alma, que saiu de Deus, não é mais forte do que todos os outros laços. Seria absurdo que a Alma, que é capaz de manter o universo unido mesmo que por breve tempo, não o possa fazer para sempre. Senão teríamos que admitir que mantém a união pela força, e que o estado natural das coisas seria diferente daquele que existe na natureza do universo e na beleza da disposição das coisas; ou então que alguém está a ponto de destruir e dissolver pela violência a ordem do universo, ou que alguma força poderosa acabaria com o domínio da Alma no mundo. Além disso, o fato de o universo não ter princípio - essa impossibilidade já foi demonstrada - nos dá garantias para o futuro. Por que: como poderia deixar de existir? Os elementos não se gastam, como a madeira e coisas semelhantes; se eles permanecem, o Todo permanece, porque a causa da mudança é a mesma. Já demonstramos que não se sustenta a opinião de que a Alma mudaria seus propósitos, porque o governo do universo não lhe provoca cansaço nem dano; e mesmo que todas as coisas fossem aniquiladas, nada de ruim aconteceria à Alma.

5 Como é que perduram então as partes no céu, se aqui embaixo os elementos e os seres vivos não perduram? Diz Platão que é porque as coisas celestes derivam o seu ser de Deus, ao passo que as coisas vivas daqui de baixo vieram dos deuses que dele saíram[5]; ora as coisas que vêm dele não devem perecer. Isto quer dizer que a Alma celeste, e também as nossas almas, vêm diretamente do Criador (demiurgo); enquanto que a vida animal da Terra é produzida por uma imagem que flui da Alma celeste. A Alma inferior tenta imitar a superior, mas não é capaz porque usa corpos menos adequados, e está num lugar pior; e posto que os materiais de que se serve na sua composição não são aptos para perdurar, as coisas daqui não podem permanecer para sempre, e os corpos não são tão efetivamente dominados pela Alma, como a outra Alma, a celestial, governa os celestiais.

Mas se o céu deve continuar como um conjunto, então as suas partes, incluindo as estrelas, devem continuar também; de fato, como poderia o céu perdurar, se elas não perdurassem também? Repare-se que isso não inclui as coisas sob o céu, que não são parte do céu; porque, supondo que o fossem, o céu não iria só até à Lua. Nós, contudo, somos formados pela alma que os deuses e os astros nos deram, e por ela estamos unidos ao céu. A outra alma, a racional, é a que nos dá o eu e o bem-estar, mas não é a causa do ser; ela vem juntar-se ao corpo quando ele já está formado pela alma inferior, e sua contribuição para nosso ser é pequena.

6 Agora precisamos considerar se os corpos celestes são feitos só de fogo, e se alguma coisa flui deles, e se por isso eles precisam de alimento. Timeu considerava que a estrutura material do Todo consiste primariamente de terra e fogo: fogo para a visibilidade, terra para a solidez; e daqui deduziu que as estrelas devem ser constituídas principalmente de fogo, mas não exclusivamente, uma vez que não há dúvida de que são sólidas. Ele deve estar certo, já que Platão aceitou que esse ponto de vista é provável. A percepção dos nossos sentidos nos mostra, pelo que vemos, que as estrelas parecem ser quase exclusivamente de fogo; mas se raciocinarmos sobre isto, devemos dizer que elas também contêm terra, visto que a solidez não existe sem a terra.

---

5. *Timeu* a 69 C3-5: Deus é o autor dos viventes divinos, mas a estes delegou Ele a geração dos viventes mortais.

Mas para que precisariam de água e de ar? Parece absurdo supor que haja alguma água no meio de tanto fogo, e se lá houvesse ar, ele se transformaria em fogo. Mas mesmo que dois sólidos opostos necessitem de dois meios-termos[6] poderíamos achar difícil supor que essa relação servisse também para os corpos naturais: podemos realmente misturar água e terra sem precisar de um meio-termo. Mas se dissermos: "Os outros elementos estão presentes na terra e na água" parece que haveria algum sentido neste argumento, apesar de que se poderia objetar que "Estes outros elementos não servirão para unir os dois quando eles se juntarem". E mesmo assim dizemos que eles estão juntos porque ambos contêm todas as coisas.

Devemos, porém, considerar se é verdade que a terra não é visível sem o fogo, e o fogo não é sólido sem a terra. Se for assim, parece que nenhum elemento teria a sua natureza essencial por si mesmo, mas que todos são misturados, e que tomam seu nome do elemento dominante que neles está. Diz-se que a terra não pode ter existência concreta sem mistura: a mescla com a água seria o adesivo da terra. Mas mesmo que se conceda que é assim, é absurdo dizer que cada elemento é algo próprio em si, e contudo não lhe atribuir uma existência, mas apenas a existência com os outros, de modo que nada exista separado – o que reduz o elemento específico a nada. Como poderíamos dizer que a terra tem existência real se não há nenhuma partícula de terra que seja terra de fato, a não ser que a água esteja presente para lhe dar consistência? E a que é que a água daria união e consistência se não houvesse terra para ser aglutinada numa massa contínua? Se existe alguma quantidade de terra pura, então a terra existe por si mesma, sem água; mas se não existe, então não há nada para ser ligado. O ar, porém, o ar puro, com suas qualidades distintivas, como poderia concorrer para a subsistência de um material denso como é a terra? Quanto ao fogo, não se diz que ele é necessário[7] para a existência da terra, mas para que possa ser vista, tal como as outras coisas; e realmente é razoável afirmar que a visibilidade procede da luz. De

---

6. (*Timeu* 32B2-3): Se o corpo do mundo fosse um plano sem espessura, bastaria uma mediação para lhe dar unidade e também aos termos que o acompanham. Contudo, como convinha que o corpo fosse sólido, e já que para equilibrar os sólidos nunca basta uma mediação, duas foram necessárias".

7. (*Timeu* 31B5): "É evidente que aquilo que nasce deve ter um corpo e, portanto, seja visível e tangível. Ora, nenhum ser poderia nascer visível se fosse privado de fogo".

fato não podemos dizer que vemos a escuridão, já que nela nada se vê, tal como no silêncio nada se escuta.

Contudo, nada disso nos assegura de que a terra precisa do fogo para ser vista: basta a luz. Assim é com a neve e outras coisas muito frias, que brilham sem fogo; mas pode-se argumentar que o fogo lhes comunicou a cor antes de as deixar.

Por outro lado, pode a água existir sem estar em composição com a terra? Mas e o ar, esse elemento instável, pode conter terra? Já o fogo será que não precisa de terra, uma vez que por natureza é desprovido de continuidade e da tridimensionalidade? Não pode ele ser sólido quanto à resistência só por ser um corpo natural? A dureza é propriamente exclusiva da terra. Lembre-se de que o ouro, quando líquido, adquire densidade não pela adição de terra, mas pela concentração[8]. Então por que é que o fogo, no qual está presente a Alma, não poderia, pela sua força, tornar-se consistente? De fato existem seres vivos de fogo entre os espíritos.

Em conclusão, o que questionamos é se todas as coisas são constituídas por todos os elementos. Pode-se concordar que isto seja verdade das coisas da Terra; mas elevar a terra até ao céu é contra a natureza, oposto às suas leis. Não é provável que o mais rápido dos circuitos carregue corpos terrestres: eles impediriam o brilho e a clareza dos corpos celestes.

7 O melhor que temos a fazer é escutar o que diz Platão: no universo como um todo deve haver um tal grau de consistência que assegure à Terra, colocada no meio, a solidez necessária para suportar os seres que se movem nela[9], de maneira que eles mesmos sejam sólidos. A Terra tem de ter consistência em si mesma, e ser iluminada pelo fogo; tem de conter água para evitar a secura, e garantir a coesão de suas partes; precisa de ar para conferir leveza à sua solidez; precisa

---

8. (*Timeu* 59B1-4): "Quanto aos corpos que nós chamamos líquidos e suscetíveis de se fundir, o mais denso dentre eles forma-se das partículas mais subtis e mais homogêneas. Ele só tem uma variedade caracterizada sempre pela cor brilhante e amarela. É a riqueza mais preciosa, o ouro, que se condensa filtrando através das pedras".

9. (*Timeu* 55E1-3): "Atribuamos à terra a forma cúbica, pois dos quatro elementos é a terra o mais estável e o mais plástico dos corpos, qualidades que deve necessariamente produzir o corpo de base mais ampla". Em 59 D6, Platão volta a referir-se à maior estabilidade da terra.

do contato com o fogo celeste, não para constituir as estrelas, mas porque pertencem ambos ao mesmo cosmo, e o fogo toma alguma coisa da terra, e esta alguma coisa do fogo, e um pouco de tudo está em todas as coisas, não como se o tomar algo de outro formasse uma composição, mas porque pertencem à mesma comunidade cósmica; nessa participação cada coisa continua sendo o que é, retendo de outro alguma propriedade, como a leveza do ar e a incandescência do fogo. Já a composição é uma absorção total, em que a terra já não é só a terra em sua solidez com algumas qualidades do fogo. Disto dá testemunho o que está escrito: "Deus acendeu uma luz no segundo círculo depois da Terra"[10] - fala aqui do Sol, a que chama todo-luminoso e brilhante, prevenindo-nos para que não imaginemos que é outra coisa a não ser fogo, embora especial, já que o distingue da chama, que é apenas moderadamente quente[11]. Essa luz é uma substância corpórea, mas é dela que irradia a outra luz, a qual leva o mesmo nome, mas é incorpórea; esta luz sai da chama, brilhante como uma radiação, ou como uma flor que brota, como um verdadeiro corpo resplandecente. O termo "terrestre", que Platão usa[12], é geralmente entendido com um sentido depreciativo, mas ele está pensando na terra como um princípio de solidez; nós podemos prescindir dessas distinções e pensar na terra em si mesma.

Um fogo como este, que gera a mais pura luz, pertence a uma região superior, e lá tem seu lugar natural; mas nem por isso devemos supor que a chama na Terra se misture aos seres dessa elevada esfera. A chama terrestre, quando atinge uma certa altura, é extinta pelas correntes de ar que lhe são contrárias. Além disso, como carrega um elemento terreno quando se eleva, fica pesada, tende para baixo, e não pode alcançar as regiões mais sutis. Atinge o equilíbrio em algum pon-

---

10. (*Timeu* 39B4-5): "Para que houvesse uma medida visível da rapidez ou lentidão relativas com que os planetas perfazem as oito revoluções, Deus acendeu uma luminária na segunda órbita a contar da Terra, aquela que hoje denominamos Sol, para encher com seu brilho toda a extensão do CÉU e para que pudessem participar do número os seres vivos para os quais isso fosse conveniente, o que eles iriam aprender com a revolução do mesmo e do semelhante".

11. (*Timeu* 58C5-7): "Precisamos ter em conta que há várias espécies de fogo: a chama, o que sai da chama sem queimar e dá a luz aos olhos, e o que remanesce do fogo nas brasas quando a chama se apaga". Platão estava se referindo (58AB) ao fato de a rotação do universo pressionar todos os elementos uns sobre os outros sem deixar vazios, e que o fogo é o elemento mais difundido por todos os lugares - o que, tomado à letra, deixaria supor que o universo está sendo abrasado, se não se considerasse que há diversos tipos de fogo.

12. (*Timeu* 31B6): "Nenhum ser pode ser tangível se não for sólido, e para ser sólido tem que ser terrestre".

to abaixo da Lua, torna-se mais leve, e fica reduzida e refreada, distribuindo apenas a radiação que reflete da luz superior. Quanto à luz celeste, está em cada estrela em proporção diferente, o que lhes dá características distintas, tanto em intensidade quanto na cor. Essa luz constitui os corpos celestes superiores, os quais, contudo, como o ar puro, são invisíveis por causa da textura sutil e da transparência indevassável da sua substância material, e também por causa da sua distância real.

8 Quando porém uma luz como essa permanece na alta esfera, como lhe compete – a luz pura no lugar mais puro – como pode dela alguma coisa fluir? Uma natureza dessas não está constituída de modo a fluir espontaneamente para baixo; e nas regiões superiores não há uma força que a obrigue a decair. Um corpo unido à alma é diferente do que é sem ela; e um corpo nos céus está plenamente unido à Alma. A substância corpórea mais próxima dos céus seria ou o ar, ou o fogo; mas que poderia fazer o ar? E não há fogo que possa ter contato com o do céu; o fogo celeste, pelo seu movimento, se afastaria antes que algo lhe acontecesse; e nessas regiões o fogo é menos forte que os daqui de baixo. A ação do fogo é repartir calor; mas não pode aquecer aquilo que é quente por natureza. Aquilo que vai ser destruído pelo fogo deve primeiro ser aquecido a tal ponto que seja fatal para sua constituição.

Em conclusão, o céu não precisa de outro corpo para garantir a sua permanência, ou para produzir a sua rotação, porque nunca se demonstrou que o seu movimento natural fosse uma linha reta; ao contrário, pela sua natureza ou fica em repouso, ou se move em círculo; outros movimentos precisam de compulsão externa. Por isso não podemos pensar que os corpos celestes têm necessidade de alimento, pois não podemos falar deles como falamos dos terrestres, já que a Alma que os sustenta não é a mesma, e não ocupam as mesmas regiões, e as condições que aqui tornam a restauração necessária não se aplicam aos céus; os corpos terrestres estão em constante estado de fluxo, e sua mudança os afasta daquilo que eles são, pois se origina num princípio que não existe neles, e que não é suficientemente poderoso para os conservar no ser, mas imita a natureza no nascimento e na geração. Mas isso já nós explicamos: que eles não são completamente imutáveis, como são os seres intelectuais.

SEGUNDO TRATADO
O movimento circular do céu

1 De onde vem o movimento circular? Da imitação da Inteligência. E este movimento é da Alma ou do corpo? É porque a Alma está em si mesma e se dirige para si? Ou porque é diligente? Ou porque existe na descontinuidade?[13] Ou é conduzida e leva o céu consigo? Mas se fosse ela o poder motor, já teria cessado: teria concluído o seu ato e conduzido o universo ao repouso, e este ciclo teria acabado. De fato, a Alma está imóvel e, se se move, certamente não o faz espacialmente. Mas como é que ela move espacialmente, se ela mesma se move de outro modo? Talvez o ciclo não seja espacial ou, se é, é-o apenas acidentalmente. Mas o que é, então? É a consciência de si mesma, que reflete em si, cheia de vida; nada fica fora dela, tudo ela alcança, sem sair de si mesma. E quanto à necessidade de abranger todas as coisas? O que é dominante num ser vivo é a capacidade de compreender tudo na unidade[14]. Se permanecesse imóvel, não abrangeria o mundo de uma forma viva, nem preservaria o que há no corpo do mundo; porque a vida do corpo é movimento. Se, pois, também existe movimento local, será segundo a sua capacidade, e não como alma apenas, mas como um corpo animado e um ser vivo; esse movimento será misto, parte da alma e parte do corpo; o corpo é por natureza levado em linha reta, o movimento da alma o refreia, a resultante de ambos é algo que avança e permanece: o movimento circular[15].

O movimento dos corpos não é circular, pois tudo se move em linha reta, até o fogo. Ele segue reto até onde é a sua tendência; uma coisa tende para onde a natureza lhe determina seu repouso. Por que

13. Outra tradução possível: "para ela o estar em si mesma é o não estar".

14. Outra tradução possível: "é o que o faz ser inteligível e uno".

15. Plotino refuta a teoria de Aristóteles acerca do movimento do cosmo acionado por um motor imóvel e, por sua vez, responde às críticas que Aristóteles no tratado *Da Alma* (A 3, 407 a 6-407 b 12) faz ao *Timeu*.

então o fogo não repousa quando atinge esse lugar? Será porque a sua natureza é ser móvel? Mas se não se move em círculo, dissipa-se na linha reta; portanto, o que lhe convém é o círculo. Este é um ato da providência, ou há algo nele que vem da providência; assim, ao chegar ao céu, move-se em círculo, por si mesmo. Ele procura a linha reta, mas não tem mais lugar para ir, então retrocede para onde pode; pois não há outro lugar mais além: este é o seu último[16]. Por isso corre no lugar que ocupa, que é o seu, mas não para aí repousar, pois existe para mover-se. O centro de um círculo é imóvel; se a circunferência externa não estivesse em movimento, o universo não seria mais do que um imenso centro. E no caso de um ser animado que, por natureza, está ligado a um corpo, o que dele se espera é que se mova em torno do centro. Só um movimento como esse pode constituir um impulso para o centro: não pode coincidir com o centro porque senão não haveria círculo; e como não pode ser assim, circula em torno; e assim segue a sua tendência. Mas se é a Alma que carrega o mundo em círculo, ele não sofre violência: o movimento é segundo a natureza, porque natureza é tudo o que a Alma universal dispôs. E como a Alma do mundo está em toda a parte, ela confere onipresença ao céu, tanto quanto ele é capaz, e ele persegue e se dirige para todas as coisas. Se em algum lugar a Alma parasse, o cosmo pararia quando chegasse a esse ponto; mas uma vez que a Alma está em toda a parte, o cosmo a procura em toda a parte. Mas como é: nunca a alcança? Pelo contrário, sempre a encontrando, ou melhor: a Alma conduz sem cessar o cosmo para si mesma; uma atração contínua comunica um movimento contínuo, não para algum espaço externo, mas para si mesmo e em si mesmo, não em linha reta, mas em círculo, e assim em todos os estágios do movimento o corpo do mundo possui a Alma que o atrai.

Se a Alma ficasse imóvel, naquele estado em que uma coisa intelectual está em repouso, não haveria nenhum movimento do céu; mas como a alma não está fixa num lugar, o universo vai a todos os lugares em sua busca, e não fora dela: portanto, em círculo.

---

16. Aristóteles (tratado *Do céu*, ou *De coelo*, A 9, 279 a 12-18): "É claro que não existe nada fora do céu, nem lugar, nem vácuo, nem tempo [...] Já demonstramos que fora do céu não há corpos nem os pode haver". Plotino está utilizando assim ideias aristotélicas na refutação do próprio Aristóteles.

2 E que dizer das outras coisas? Cada uma não é um todo, mas uma parte, ocupando um lugar limitado. Mas aquele outro, o céu, é um todo, é o próprio espaço, e nada o pode conter. Ele é tudo.

E com respeito aos homens? Enquanto derivam do Todo, eles são partes, mas, considerados em si mesmos, cada um é o seu próprio universo.

Se, pois, esteja onde estiver, o universo tem a Alma, por que tem que andar em círculo? É que o movimento dela é rodear o seu centro, não está num lugar determinado, e o céu a procura em círculo. Mas aqui devemos distinguir o centro conforme a referência às duas naturezas, alma e corpo: para a Alma o centro é a fonte – a Inteligência – de onde deriva a outra natureza; e para o corpo, o centro tem um sentido espacial – é o meio do mundo. Deve, portanto, usar-se o termo centro analogicamente: deve haver um centro para um, como há para a outra, embora literalmente o centro seja do corpo e da esfera; mas tal como o corpo circunda seu centro, também a Alma. Sendo assim, a Alma se move em torno de Deus, e o envolve com amor. Porque todas as coisas dependem desse princípio, e, como a Alma não pode ir para Ele, move-se em torno dele.

Mas por que é que todas as almas não fazem o mesmo? Cada uma o faz, mas onde se encontra. Por que os nossos corpos não se movem circularmente como o céu? Porque encerram um elemento que se move em linha reta, e também porque os impulsos do corpo se dirigem a outros pontos; e, além disso, o elemento esférico que se encontra em nós[17] não pode mover-se circularmente com facilidade, uma vez que é terrestre, enquanto que na região celeste é ligeiro e ágil. Como poderia permanecer em repouso quando a alma está em movimento, seja qual for esse movimento? O pneuma que está espargido em torno da nossa alma faz o mesmo que o céu. Com efeito, se Deus está em todas as coisas, é preciso que a alma que deseja unir-se a Ele se mova ao seu redor, já que não reside em nenhum lugar determinado. Assim Platão atribui aos astros um movimento de rotação ao redor do seu próprio centro, além da revolução que executam em co-

---

17. O elemento esférico é a cabeça, segundo o *Timeu* (44d): "Imitando a forma redonda do universo, os deuses incluíram as duas revoluções divinas num corpo esférico, que é o que chamamos cabeça, e é a parte mais divina de nós mesmos, que comanda as outras".

mum com o universo[18]. Com efeito todos os astros ficam transportados de alegria quando veem a Deus, onde quer que estiverem; e não o fazem pela razão, mas por uma necessidade natural.

3 Finalmente ainda fica uma coisa para ser considerada. A última potência da Alma universal tem como sede a terra, e dela se estende para todo o universo[19]. A potência da Alma que, por sua natureza, possui a sensação, a opinião, o raciocínio, reside nas esferas celestiais, donde domina a potência inferior e lhe comunica a vida. Por conseguinte, move a potência inferior envolvendo-a em toda a volta, e preside ao universo enquanto que volta da terra às esferas celestiais. A potência inferior, ao ser envolvida pela potência superior, dobra-se sobre si mesma, opera em si uma conversão pela qual imprime um movimento de rotação ao corpo em que se encontra. Seja qual for a parte da esfera que se move, enquanto que se move permanecendo em repouso, comunica o movimento ao resto e faz girar a esfera. O mesmo acontece com o nosso corpo: quando a nossa alma entra em movimento, como sucede na alegria, ou na esperança de um bem, mesmo que o movimento seja de espécie muito diferente daquele que move um corpo, produz-se no corpo um movimento local. Desse modo a Alma universal, ao aproximar-se do Bem e tornar-se mais sensível, move-se na região superior em direção ao Bem, e imprime ao corpo o movimento que lhe é natural: o movimento local. A potência sensitiva, ao receber do alto o seu bem e provar os prazeres que a sua natureza comporta, procura o Bem, e, como este se encontra presente em todas as partes, anda por todos os lados. O mesmo ocorre com a inteligência: umas vezes está em repouso e outras em movimento, porque se dobra sobre si mesma. De modo semelhante, o universo move-se circularmente e, ao mesmo tempo, permanece em repouso.

---

18. (*Timeu* 40a-b): o Pai, autor do mundo, atribuiu a cada um dos astros (deuses) dois movimentos, "sendo um no mesmo lugar e uniforme, porque cada divindade tem sempre os mesmos pensamentos acerca das mesmas coisas [...]".

19. (*Timeu* 36e): "A alma onipresente no céu, do centro à extremidade, e envolvendo-se em círculos por fora, sempre a girar em torno de si mesma, inaugurou para sempre o divino começo de uma vida perpétua e inteligente".

TERCEIRO TRATADO
Sobre a influência dos astros

1 Dissemos acima que o curso dos astros indica o que vai ocorrer com cada ser, mas que não produz tudo, como muitas pessoas pensam. Trata-se, porém, de questão de não pequena importância, à qual convém acrescentar argumentos mais elaborados.

Há quem pense que os planetas[20] em seu movimento produzem não só a pobreza e a riqueza, a saúde e a doença, mas também a fealdade e a beleza e, o que é mais, os vícios e as virtudes, e as próprias ações que resultam de tais condições; é como se os astros se irritassem com os homens, e os forçassem a cometer atos dos quais não têm que se arrepender, já que foram induzidos pelos planetas.

A razão de os astros procederem assim com os homens não é, segundo dizem, porque os amem, mas porque são afetados pelas várias posições do seu próprio curso, conforme tenham atingido o zênite, ou estejam declinando. Mais ainda: dizem que alguns astros maléficos são benfazejos para os homens, e que outros astros que são bondosos para os homens são em si mesmos malfazejos. Outra coisa que dizem é que os efeitos dos astros mudam de acordo com a sua posição relativa perante os outros: assim eles seriam diferentes conforme estejam ou não olhando uns para os outros, como se esse olhar ou posição modificasse o que eles são. Se um astro olha para tal outro astro, pas-

---

20. Essa questão começa por falar em planetas, mas na continuação Plotino não indica explicitamente a que se refere (o sujeito fica implícito) e diz somente "esses tais" ou "eles"; nesses casos, as traduções divergem: umas explicitam o sujeito mantendo o termo que aparece na primeira frase: astros (αστρων) e que deixa uma ideia mais abrangente: outros continuam a usar o termo que o autor traz na frase seguinte: planetas (πλανῶτας). Parece que Plotino está tratando de corpos celestes em geral, mas como a astrologia dá mais importância aos planetas, às vezes destaca essa categoria de astros.

sa a ser bom, mas fica mau se olhar para um outro, e o resultado varia ainda com a figura ou aspecto[21].

Finalmente, todos os astros juntos exercem uma influência distinta da de cada um deles, assim como uma mistura de líquidos produz uma mescla que tem qualidades diferentes das de cada um deles.

As opiniões comuns são estas, e outras semelhantes, as quais convém examinar detalhadamente. Para começar, parece que devemos abordar o problema mais importante, que é o seguinte:

2 Devemos assumir que os astros têm alma, ou não? Se são inanimados, a sua ação será só a de irradiar calor ou frio - isto admitindo que os haja frios - e portanto sua influência será meramente física; não produzirão grande diversidade entre os corpos, já que todos têm a mesma influência, e que, sobre a terra, as suas diversas ações se confundem todas numa só; ela só se modifica pela variedade de lugares e pela proximidade ou distância dos objetos. Essa consideração vale também para entender a influência dos astros frios.

Mas não se compreende como é que dessa irradiação poderiam uns indivíduos nascer sábios, outros ignorantes, estes gramáticos, aqueles oradores, e ainda outros músicos ou artistas; ou como é que sua ação poderia ter resultados que nada têm a ver com a constituição dos corpos, como o fato de termos um irmão assim ou de outro jeito, ou tal pai, ou filho, ou mulher, ou ainda fazer-nos vencer na vida, chegar a ser generais ou reis.

Portanto vamos supor o contrário: que os astros sejam animados e dotados de mente capaz de deliberar. Que mal lhes fizemos nós para que eles nos queiram mal? Eles não estão numa região divi-

---

21. Bréhier e Faggin, bem como a versão castelhana, traduzem σχῶμα por **aspecto**, relacionando o sentido mais com as passagens anteriores que se referiam ao astro em si mesmo; Armstrong e McKenna traduzem por **figura**, que estaria mais de acordo com as frases seguintes, as quais se referem à configuração geral do conjunto dos astros. Liddley Scott, que cita esta passagem de Plotino, e cita também a obra de astrologia de Manetho, prefere igualmente **aspecto**. A questão não é de somenos importância, uma vez que **aspecto** tende a insinuar que se ressalta a individualidade e a personalidade de cada ser celeste, tal como o capítulo seguinte vai discutir; mas, se traduzimos por figura ou configuração, destacamos mais a noção de que o universo age como um todo sobre os homens.

na do céu? Não são eles mesmos divinos? São[22], e, como tais, não sofrem as influências que fazem os homens serem bons ou maus e, por isso mesmo, a prosperidade e as adversidades que acontecem aos homens não os afetam.

3 Mas talvez se diga que, se os astros nos prejudicam, não o fazem voluntariamente, mas determinados por configurações resultantes dos lugares que ocupam. Contudo, se fosse assim, todos eles deveriam produzir os mesmos efeitos quando se encontram nos mesmos lugares e composições coletivas. Qual é a diferença que experimenta um planeta conforme o lugar em que está no zodíaco? E com o próprio zodíaco, o que é que se passa? De fato os planetas não estão situados no zodíaco, mas muito abaixo dele, e seja qual for o signo em que se encontrem sempre estão perante o céu das estrelas fixas, e não junto com elas. Seria ridículo dizer que um planeta muda de natureza e que produz efeitos diferentes conforme a sua posição no céu, ou ascendente, ou no centro, ou declinante. Como é que se pode aceitar que um planeta sinta alegria quando está num ponto, e noutro ponto, declinante, sinta tristeza, mas, quando assiste ao surgir de outro, entre em cólera, e depois benevolência quando esse planeta declina? Um astro pode ser melhor quando declina?

Cada astro está num ponto para uns, declina para outros, e vice-versa; mas não poderia experimentar ao mesmo tempo alegria e tristeza, cólera e benevolência. É absurdo pretender que um astro fica alegre ao surgir, mas diferente quando se põe, pois isso significaria que os astros experimentam alegria e tristeza ao mesmo tempo[23].

Além disso, por que é que a sua tristeza deveria nos abalar? Não devemos admitir que estejam alegres e tristes ao mesmo tempo: os as-

---

22. Uma vez que para Plotino só o Uno é supremo, acima até da ideia corrente de ser (de existente), só a ele conviria a designação de Deus, ou de divino, de acordo com a Teologia racional que conhecemos. Por isso ao dizer que os astros são divinos, Plotino não pode entendê-los como deuses no sentido da tradição politeísta, mas como seres participantes da vida divina, quer pela sua espiritualidade e inteligência superior, quer pelo lugar etéreo que ocupam na região celeste mais divina. Sendo assim, como seres racionais superiores, os astros são impassíveis, isto é, não podem sofrer os males próprios dos seres inferiores como os homens.

23. Como a posição declinante ou ascendente é relativa ao observador terrestre, no entender de Plotino, os astros não têm posições absolutas em si mesmos; consequentemente estão em todas as posições relativas ao mesmo tempo, e deveriam, segundo a astrologia, estar em todos os estados por assim dizer emocionais ao mesmo tempo, o que lhe parece inaceitável.

tros estão sempre serenos, e gozando dos bens que possuem e daquilo que contemplam. Pois cada um deles tem a sua vida para si mesmo, seu bem é sua própria existência e não tem nada a ver conosco. Ora os seres que não têm relação direta conosco, como os astros, só numa rara eventualidade podem nos influenciar, pois essa não é sua principal atividade. Os sinais de futuro que podem nos oferecer são fortuitos, como os dos pássaros.

4 Também não é correto pretender que, quando os planetas se olham, uns fiquem alegres e outros tristes. Que ódio pode haver entre os astros? Por que haveriam os astros de estar em estados diferentes ao encontrar-se na figura trina, ou em oposição, ou em quadrado? Por que se pretende que um astro que esteja enfrentando outro está em tal ou qual aspecto, que já não tem quando o vê no signo seguinte do zodíaco, e está mais perto dele? Mas indo à questão mais geral perguntamos: como é que os planetas operam as ações que lhes são atribuídas? Como é que cada um deles exerce a sua ação particular? E como é que todos juntos produzem uma ação de outra natureza, já que não se reúnem para decidir o que vão fazer? Como poderiam prescindir de entrar em acordo, já que cada um tem que ceder parte do seu poder de influência? É pela violência, ou pelo convencimento, que cada um cede sua influência ao outro? Quando um entra na área do outro, como pode um ficar alegre e outro triste? Isso seria o mesmo que supor que, de dois amigos, um gosta do outro, que por sua vez odeia o primeiro.

5 Pretende-se que o (planeta) frio é melhor para nós quando está longe, porque se supõe que o mal que nos faz provém do frio que provoca – mas então teria que ser benéfico quando está no ponto oposto do zodíaco. Acrescente-se que, quando ele está em oposição com o quente, ambos se tornam perniciosos – contudo parece é que deveriam ter um resultado temperado. Dizem também que o astro (frio) se dá bem durante o dia, cujo calor o torna favorável aos homens; e que o outro, por ser de fogo, prefere a noite – como se no céu o dia, ou seja, a luz, não fosse contínuo, ou como se ele pudesse ser envolvido pela sombra da terra, quando afinal os planetas estão bem para lá dessa sombra[24].

Outra opinião é a de que a Lua, em conjunção com outro planeta, é favorável quando está cheia, e prejudicial nas outras fases – se é que a Lua possa ter influência. Mas o contrário estaria mais de acordo com os raciocínios anteriores: de fato, quando a Lua se apresenta para nós cheia, mostra o lado escuro ao planeta que está do outro lado; e quando seu disco mingua para nós, aumenta para o outro lado; deveria, pois, produzir um efeito contrário quando diminui do nosso lado e aumenta do lado do planeta que fica atrás dela. Note-se que tais fases não têm importância para a própria Lua, porque de um lado, ou do outro, sempre está iluminada. Já para o astro que delas recebe a luz não é assim; ele receberia calor quando a Lua não nos dá luz, pois quando para nós está mais escura, está plena para o outro, e portanto benéfica[25].

A obscuridade da Lua tem importância para a Terra, mas não interfere nos que estão acima dela. O planeta, segundo dizem, não pode trazer seu contributo por causa da distância, e por isso parece menos favorável; mas a Lua cheia é suficiente para o reino inferior, e por isso a distância do outro não tem importância para ele, pois, segundo dizem, contém mais calor do que aquilo de que necessita. Quando a Lua apresenta a sua face escura ao planeta ígneo, parece boa para nós, porque o poder desse planeta, mais quente do que o outro, é então suficiente.

Os corpos dos seres animados que circulam no céu são quentes, uns mais, outros menos, mas nenhum é frio; o próprio lugar em que se encontram é disso a prova[26].

O planeta a que chamamos Júpiter tem uma temperatura média; o mesmo se pode dizer de Vênus, e nesta semelhança estão concordes

---

24. O astro frio seria Saturno, e o quente a que Plotino se refere deve ser Marte.

25. Daqui até quase ao final deste capítulo foi incluído na edição de Marsílio Ficino e na Princeps um trecho tirado de 12, 12-32, que lhes pareceu que convinha mais a este contexto. Armstrong e Shwyzer não mantêm essa interpretação, mas o fazem Bréhier e Faggin, MacKenna e J.M.Q., que nós também acompanhamos.

26. Quando citou acima o planeta frio Plotino já pôs dúvidas na adequação do adjetivo, pois na realidade é apenas menos quente do que os demais. De fato, uma vez que os astros habitam regiões superiores do céu, para onde sobe o fogo, não podem ser completamente frios. Até aqui Plotino cita os planetas pelas suas qualidades, mas no parágrafo seguinte chama-os pelos seus nomes.

para equilibrar o fogoso. Mas pouco ajuda Saturno, porque está longe; e Mercúrio fica, segundo dizem, indiferente, porque é capaz de se adaptar a todos. Todos concorrem para formar o conjunto, e estão entre si relacionados como convém ao Todo, da mesma forma que os órgãos de um ser vivo[27].

Assim é a bílis, que existe para o corpo, como também para o órgão que lhe está próximo; ela provoca emoções, mas deve ser controlada para não se exceder. Do mesmo modo no universo, é preciso que algo o equilibre. Algo tem que ser como os olhos, e o Todo tem que estar harmonizado com aquilo que nele não é racional. Só assim pode haver unidade, e uma harmonia única. Como não veríamos aqui os sinais de uma analogia?[28]

Quanto ao tema deste capítulo 5 parece estar sendo enunciada aquela lei geral do universo: que todas as coisas estão relacionadas umas com as outras; é a lei da simpatia (συμπατηῷ, que acima traduzimos por harmonizado) que entusiasmou muitos pensadores do Renascimento, como Paracelso e Giordano Bruno, e foi inspiradora de concepções amplas e fecundas, como a homeopatia e a moderna visão do cosmo.

6 Não é um disparate admitir a ideia de que os planetas Marte e Vênus, em determinada posição, provoquem adultérios? Isso é a mesma coisa que supor que eles satisfazem sua luxúria por causa da incontinência que se observa nos humanos, e justifica até o ardor em satisfazer paixões! Como se pode aceitar que a felicidade dos planetas provém do fato de eles se contemplarem em certas posições, e não da determinação da sua própria natureza?[29]

---

27. Júpiter é citado por Plotino como Día, Zeus; Vênus: Εωι, o da Aurora; o fogoso é Marte; Mercúrio em grego é Hermes, e Saturno é Κρῴνον.

28. A última frase também parece estar fora de lugar, e só se encaixa na sequência do raciocínio de modo um tanto forçado: a bílis e os olhos seriam citados por comparação ou analogia com as relações dentro do universo. Mas Armstrong sugere que se coloque esta frase no início do cap. 7.

29. Marte no original é Αρεα, de Αρεες, e Vênus é Αφροδῶτεν, de Αφροδῶτεε. Plotino entende que não faz sentido relacionar os amores de Afrodite e Ares com a posição dos planetas e com a sexualidade humana; o argumento é fácil de entender, mas a última frase tem certas dificuldades: o problema está na palavra πῶρας, que no sentido mais direto significa limite; mas traduzir por "sem que para eles haja limite", como faz a maior parte dos tradutores, não produz no conjunto um significado aceitável. Armstrong sugere substituir πῶρας por πεῶρας:

Que vida levariam os planetas se tivessem que se ocupar dos miseráveis seres vivos que nascem e existem, dar a cada um deles aquilo de que precisa, fazê-los ricos ou pobres, ou destemperados, e ainda conduzir todos os seus atos! Como poderiam fazer tudo isso?[30]

Também não é mais sensato imaginar que os planetas ficam à espera da ascensão das constelações para fazer aquilo que têm a fazer, nem que têm de medir os graus de seu curso pelos anos que demoram a cumpri-lo: imagine-se os planetas a contar pelos dedos[31] quando devem fazer tal ou qual coisa, sem poder fazê-la antes! Há um princípio único que governa o universo, e é um erro supor que esse poder esteja atribuído aos astros, como se não houvesse um senhor único de quem depende o universo, e que distribui a cada ser um papel e funções conforme à sua natureza. Não reconhecer isso é destruir a ordem de que fazemos parte, é ignorar a natureza do mundo, que supõe uma causa primeira, um princípio cuja ação tudo penetre.

7 Com efeito, se os astros indicam os acontecimentos futuros, tal como outras coisas o fazem, qual é a causa desses mesmos acontecimentos? Como funciona essa ordem? Sem ela os fatos isolados não poderiam ter significado. Portanto os astros são como letras traçadas

---

"sem terem relações sexuais" o que não nos parece melhor. Mas entendendo πῶρας como "determinação" ou "fim", atestada por alguns autores, pode substituir-se por "aquilo que os determina ou direciona a um fim" e nesse caso cabe traduzir por "natureza"como fazem J.M.Q. e MacKenna; nesse caso se subentende: os planetas são o que são e agem segundo aquilo que são em virtude de sua própria natureza, e não porque são influenciados uns pelos outros". Essa tradução estaria de acordo com a doutrina geral de Plotino, que entende a "psicologia dos astros" por projeção da antropologia – para compreender o procedimento dos astros, parte-se de uma analogia com o procedimento humano – e esta em função de uma ontologia individualizante em que os seres são o que são por si mesmos, e não em função de relações com outros seres.

30. Essa ideia também era cara aos epicúreos: os deuses são felizes, e se tivessem que cuidar das coisas humanas e de tudo o mais que existe não teriam serenidade; mas Plotino ainda acrescenta que os astros não teriam poder para tanto, que seria demais para a capacidade deles: é que os divinos astros, na concepção de Plotino, são menos divinos do que na concepção de Epicuro, pois que divino mesmo e poderoso só o Uno.

31. A intenção de Plotino de ridicularizar os astrólogos vai ao ponto de imaginar os planetas a contar pelos dedos – επῶ δακτῷλων τῶτηεστηαι. Por um lado, como seres racionais e inteligentes, não podem estar sujeitos à contingência de leis físicas que os constranjam; por outro lado, tanto eles como essas leis fazem parte de um conjunto cósmico, o qual, sendo ordenado, como se percebe que é, deve estar ordenado por uma inteligência única e superior. Porém como o Uno, na sua superioridade distante, também não cuida do mundo, esse "senhor" ou "princípio único que governa o universo" deve entender-se como sendo a Alma do Mundo na sua função externa, como se verá mais adiante.

no céu a cada instante, ou que estão sem cessar em movimento, de tal modo que, ainda que cumprindo uma função no universo, têm contudo um significado.

Tudo se passa mais ou menos como num ser vivo, que é animado por um princípio único, e no qual uma parte dá a conhecer outra parte. Assim, examinando o olhar de um homem, ou outro órgão, podemos saber a respeito do seu caráter, a que perigos está exposto, e como pode escapar deles. Tal como esses órgãos são partes, assim também nós o somos. As coisas são feitas umas para as outras. O mundo está cheio de sinais[32] e sábio é aquele que entende umas coisas pelos sinais das outras. Há muitos fatos comuns que podem ser conhecidos dessa maneira.

Qual é o princípio geral de coordenação do universo? Se o encontrarmos teremos uma base coerente para descobrir nos pássaros e noutros animais os presságios corretos. Todas as coisas se relacionam umas com as outras, não só em cada indivíduo, mas mais ainda no Todo; a união do ser vivente realiza-se mais perfeitamente no universo. Um princípio único converte o múltiplo em uno, e faz dele um animal universal; e, tal como nos organismos individuais, cada membro desempenha a sua tarefa individual, no todo também cada parte tem sua tarefa, mais ainda do que nos organismos, pois nele as partes não são só membros, mas cada uma é um conjunto, portanto mais importante do que os membros dos indivíduos particulares. Todas as coisas provêm de um princípio único e realizam seu trabalho, mas também cooperam umas com as outras, pois não estão separadas do todo. Elas agem nas outras, e são afetadas por elas. Cada uma recebe da outra alegria ou sofrimento, mas não procedem ao acaso: de uma coisa se segue outra, e desta uma outra, conforme à ordem natural.

---

32. A ideia da simpatia cósmica, que fez sucesso no Renascimento (cf. nota ao cap. 5) provém dos estoicos, que a desenvolveram talvez ampliando concepções mais antigas. Sêneca expõe o assunto nas *Questões naturais*; Plínio, na "História natural" desenvolve mais as relações de simpatia e de antipatia entre os seres. Em qualquer doutrina destas, porém, supõe-se que os seres são dotados de forças ativas e qualidades passivas, que fazem com que possam ser influenciados e influenciar qualquer outro ser. Sêneca, porém, estaria mais de acordo com Plotino, que só vê simpatias e resiste a aceitar influências negativas dos astros; neste sentido Plínio joga mais a favor dos astrólogos.

8 Quando a alma se aplica a realizar a função que lhe é própria – porque é a alma que tudo realiza, uma vez que desempenha a função de ser o princípio – prossegue no caminho correto; quando se extravia, a justiça divina faz dela uma escrava da ordem física que reina no universo. A justiça divina reina sempre, porque o universo é regido pela ordem e pelo poder da Alma Universal, o princípio que domina o cosmo[33]. Junta-se a isso o concurso dos planetas, que são parte importante do céu, porque não só o enfeitam, mas também porque lhe servem de signos. Servem porém como signos para todas as coisas que acontecem no mundo sensível; e, quanto às coisas que podem fazer, não se deve atribuir-lhes mais do que aquilo que manifestamente fazem.

Pelo que nos diz respeito, realizamos as funções da alma na medida em que não nos extraviamos no meio da multiplicidade que existe no mundo. Quando nos desviamos do caminho nosso castigo é a própria desorientação a que ficamos sujeitos, e um destino infeliz. Por conseguinte, quando a riqueza e a pobreza chegam até nós, é pelo resultado do concurso das coisas exteriores. Quanto às virtudes e aos vícios derivam as primeiras do primitivo fundo da alma, e os vícios nascem da convivência da alma com as coisas exteriores. Mas disto já tratamos noutro lugar.

9 Devemos agora falar do fuso que, segundo os antigos, as Parcas (*Moiras*) fazem girar, e com o qual Platão designa o que se move e o que é imóvel na giratória do cosmo. Segundo Platão, a Necessidade, mãe das Parcas, junto com as suas filhas, dá voltas a esse fuso e imprime-lhe um movimento de rotação na geração de cada ser. Graças a essa rotação, os seres podem ser gerados. No *Timeu* quem dá o princípio imortal à alma racional é a Inteligência, o deus que criou o universo; os deuses que se movem nos céus acrescentam ao princípio imortal da alma as paixões violentas que nos submetem à Necessidade: a cólera, os desejos, os trabalhos, e os prazeres. Numa palavra: dão-nos

---

33. Este início do cap. 8 é certamente um daqueles em que reina maior diversidade de interpretações. Na nossa tradução deixamos aberta a possibilidade de as primeiras frases se referirem (ou se referirem também) à alma humana e não (ou não só) 'à Alma do Mundo, devido à semelhança com *Fedro* 245 C ss.; já o paralelo com *Timeu* 41A8, ao falar da ordem física, parece traçar uma transição para a referência à Alma do Mundo.

essa outra espécie de alma - a natureza animal, ou alma vegetativa, da qual derivam as paixões. Platão parece querer dizer com essas palavras que estamos submetidos aos astros, que recebemos deles as nossas almas, que nos submetem ao domínio da Necessidade quando chegamos a este mundo, que deles recebemos os nossos hábitos e, com eles, as ações e paixões que derivam do hábito passivo da alma.

O que somos então? Somos o que somos por essência: o princípio ao qual a natureza deu poder para triunfar das paixões. Porque se estamos rodeados de males por causa do corpo, Deus nos deu a força que não é dominada. Com efeito, necessitamos da virtude quando a sua ausência nos expõe aos males, e não quando estamos tranquilos. Portanto é preciso fugir deste mundo terreno, separar-nos do corpo que nos foi dado pela geração, e esforçarmo-nos para não ser esse animal, esse composto no qual predomina a natureza do corpo, natureza que é apenas um vestígio da alma; dessa condição humana resulta que a vida animal pertence principalmente ao corpo. Com efeito, tudo o que se refere a esta vida é corporal. A alma racional, superior à alma vegetativa, não está presa ao corpo, eleva-se às coisas inteligíveis, ao que é belo e divino, que não depende de nada. Mais ainda, trata de identificar-se com elas e vive de maneira conforme à divindade quando se retira para entregar-se à contemplação. Tudo o que estiver privado dessa alma, tudo o que não exercitar as faculdades da alma racional, vive submetido à fatalidade. É de um ser assim que as ações são indicadas pelos astros; ele mesmo se converte numa parte do mundo do qual faz parte. Todo homem é um duplo porque nele há um animal e uma alma racional - mas é esta que constitui o verdadeiro homem. Assim também há no universo o composto de um corpo e de uma alma que lhe está intimamente unida, e a alma desse composto é iluminada pela Alma Universal, que não está unida ao corpo. O sol e outros astros também são duplos: têm uma alma unida ao corpo e outra alma independente do corpo. Não fazem nada que seja mau para a alma pura. Como eles têm um corpo e uma alma unida ao corpo são parte do universo, e as coisas que eles produzem são também partes do universo; mas a sua vontade e a sua verdadeira alma aplicam-se à contemplação do princípio magnífico. Daquilo que rodeia esse princípio dependem as outras coisas: é assim que o fogo irradia o seu calor por todos os lugares, e a Alma superior do universo faz passar algo do seu poder à Alma inferior a ela ligada. As coisas más que se encontram nesse mundo inferior nascem da mescla que se encontra no mundo natural. Se a Alma universal se separasse do mundo, o que ficasse não teria valor. Portanto o universo é um deus só se na sua substância entrar a Alma que é inseparável dele. O restante constitui o Demônio a que Platão chama o Grande Demônio, e que tem todas as paixões próprias dos demônios.

10 Se isso é assim, é preciso aceitar que os astros anunciam os acontecimentos, mas que não os produzem, nem sequer com a alma que têm unida ao seu corpo. Não produzem mais do que aquelas coisas que são paixões do universo, e o fazem com a sua parte inferior, isto é, com o corpo. Além disso é preciso admitir que a alma, antes ainda de chegar à geração, ao descer a esse mundo inferior, traz consigo algo que tem por si mesma; porque não entraria num corpo se não tivesse grande aptidão para padecer, ou seja, partilhar as paixões do corpo. Da mesma forma se deve admitir que a alma, ao passar a um corpo, está exposta a acidentes, já que se acha submetida ao curso do universo; e, finalmente, que esse mesmo corpo contribui para produzir o que o universo deve realizar, porque as coisas que se acham compreendidas no curso do universo desempenham nele o papel de partes.

11 Também é preciso considerar que as impressões que devemos aos astros não estão em nós, que as recebemos, do mesmo modo que são produzidas por eles. Se em nós há fogo, ele é mais fraco do que no céu; a simpatia[34], ao corromper-se naquele que a recebe, gera uma afeção desonesta. O princípio da fortaleza, quando não é recebido na medida capaz de produzir a coragem, gera a violência, ou a covardia; o amor ao belo e ao honesto converte-se na procura daquilo que não passa de aparências. A inteligência degradada produz a astúcia que quer parecer inteligente, mas não consegue. Assim as boas disposições podem se tornar más em nós, mas não o são nos astros, porque

---

34. Φιλιακῶε, φιλιακῷς (etc.): o instinto do amor, a disposição para a amizade – na maioria das traduções; mas Liddell Scott cita essa passagem e situa-a no contexto pitagórico sobretudo no tardio; cita ainda no suplemento um texto do séc. IV d.C. no qual φιλιακῶε se pode traduzir por: a força natural que une os elementos díspares e movimentos.

todas as impressões que recebemos deles não estão em nós do mesmo modo que estão neles, uma vez que não só se degradam como também se misturam com os corpos, com a matéria, e umas com as outras.

12 As influências que provêm dos astros se mesclam, e as coisas que são geradas recebem ação dessa mescla, que determina as suas qualidades. A influência celeste não produz o cavalo, apenas age sobre ele. O cavalo gera o cavalo, como o homem gera o homem, e o sol apenas coopera na sua formação[35]. Mas o homem nasce da razão e as influências externas podem ser favoráveis ou prejudiciais. Com efeito o filho se parece com o pai, mas muitas vezes pode ser melhor, e outras pior do que ele, sem contudo se afastar do que é fundamental[36]. Mas às vezes a matéria prevalece, não a natureza, e assim, devido à sujeição da forma, o ser fica imperfeito[37].

13 Devemos agora analisar e distinguir de onde provém cada coisa, uma vez que umas são produzidas pelo movimento dos astros, e outras não. E o princípio é este: a Alma governa o universo com a razão, tal como cada ser vivo é governado por um princípio que dá forma aos seus órgãos e partes e os põe em harmonia. O todo encerra todas as partes, mas cada parte só se contém a si mesma. Quanto às influências exteriores, umas apoiam a natureza, outras a contrariam. Todas as coisas estão subordinadas ao Todo, porque são suas partes. Cada uma tem sua natureza própria e contribui com ela para a vida universal. Os seres inanimados servem de instrumento para os outros e só agem quando impulsionados do exterior. Dos seres vivos alguns têm movimento indeterminado, como se fossem cavalos atrelados a um carro, quando o condutor não os dirige com o chicote. Já a natureza do animal racional tem em si mesma aquela que a conduz. Se esta é habilidosa, ela segue o caminho correto, em vez de andar ao acaso, como acontece muitas vezes. Uns e outros estão no universo e contribuem para o todo. Há os

---

35. Sobre o sol: ARISTÓTELES. *Física*: B2,194 B 13. • *Da geração e corrupção*: B 10. • *Metafísica* 12,3.

36. Nasce da razão: εκ τοῷ λῴγου; o fundamental: του υποκειμῷνου.

37. O trecho seguinte até final do cap. 12 passou para o cap. 5 conforme ali indicamos.

mais poderoso e ativos, que têm funções elevadas e importantes na vida do universo, outros são mais passivos, pouco atuantes. Há os que ocupam uma categoria intermediária, sendo passivos com respeito a uns, mas noutras coisas ativos, pois têm em si mesmos capacidade de agir. O universo tem uma vida perfeita, porque os princípios excelentes produzem coisas excelentes, conforme o que há de melhor em cada um. Esses princípios estão submetidos àquele que os governa[38] como os soldados ao general. Assim deles se diz que seguem Zeus quando ele se dirige para a natureza do inteligível[39].

Os seres que têm uma natureza inferior ocupam uma categoria secundária, tal como em nós há uma alma inferior; outros correspondem aos nossos órgãos, que não são todos iguais[40]. Por conseguinte, todos os seres que estão no céu, ou que se encontram distribuídos no universo, devem sua vida à Razão do Todo, e nenhum tem poder para alterar os seres gerados. Pode trazer uma alteração superficial na sua direção, para melhor ou para pior, mas não pode modificar a natureza das coisas. Pode fazer uma coisa pior debilitando seu corpo, ou aquela parte da alma com a qual o corpo está em simpatia, e que dele recebe sua inclinação para o que é inferior; ou ainda quando o corpo, por sua condição ruim, impede a ação, tal como a lira desafinada é incapaz de nos oferecer uma música harmoniosa.

14 Que diremos da riqueza, da pobreza, da fama, do poder? Se um homem recebe as riquezas dos seus pais, os astros apenas anunciaram que seria rico, tal como se limitaram a anunciar a sua nobreza, se a devia a seu nascimento. Mas se um homem os adquiriu pelo seu mérito, e o seu corpo contribuiu para isso, as causas que deram vigor ao seu corpo concorreram para a sua boa sorte; estas causas são: em primeiro lugar os pais, e depois o céu e a terra da sua região de origem.

Mas se o corpo não contribuiu, então o mérito cabe à virtude, sem esquecer a parte que se deve aos favores divinos. Se o que tem recebeu de pessoas de virtude, então a virtude é a sua origem; mas se o recebeu de gente ruim, que nesse caso agiu com justiça, então é à par-

---

38. τω εεγεμονοῷντι – ou seja, a Alma do Mundo.

39. *Fedro* 246 E 6.

40. Passagem de tradução duvidosa.

te boa que há nessa gente que o bem deve ser atribuído. Finalmente, se o homem que alcançou riqueza é mau, nesse caso a origem da fortuna é a sua perversidade, que é o princípio do qual provém tudo o que concorreu para obtê-la. Se um homem deve a sua riqueza ao trabalho, por exemplo ao trabalho agrícola, a causa deve atribuir-se ao lavrador e às condições externas. Se encontrou um tesouro, algo houve no universo que o ajudou. Tal fato pode ser previsto, porque todas as coisas se sucedem ordenadamente umas às outras[41], e por isso umas às outras se anunciam. Se um homem desperdiça os seus bens, a causa da perda é ele mesmo. Se lhe são roubados, a causa é o ladrão, se os perdeu no mar a causa são as circunstâncias.

A boa reputação ou é merecida ou não é. Se é merecida, deve-se às obras realizadas e à opinião dos outros. Se não é merecida, deve-se à desonestidade de quem concede as honras. O mesmo se pode dizer do poder: ou está em boas mãos, ou não. No primeiro caso, deve-se atribuir à escolha dos eleitores, no segundo, deve-se aos esforços do candidato, a quem o auxiliou, e a outras causas. Um casamento é determinado ou pela vontade livre[42], ou por uma circunstância acidental[43], ou por influências diversas do universo. A procriação dos filhos é disso uma consequência: se nada o impedir, conforma-se com a razão de origem[44], mas se a geração é defeituosa, a causa é interior, e tanto pode estar na mãe, como nas circunstâncias desfavoráveis do meio ambiente.

15 Platão fala de possibilidade de escolhas, que nós teríamos antes de ser determinados pelo fuso (das Moiras ou Parcas). Essas escolhas tornam efetivo o nosso destino; e também fala de um espírito que

---

41. πῦντως γῦρ αχολουτηεῶ αλλῶελοις πῦντα: a frase tanto inclui o significado de "em consequência" como αχολουτηως que aparece em IV, 3, 20; como "na sequência de" que está em III, 14, 29: αχολουτηοι; de qualquer modo fica clara a argumentação de Plotino: o universo tem uma ordem das coisas, que lhe vem do Demiurgo, a Alma do Mundo, e portanto nenhum ser, nem sequer um astro, tem poder para alterar essa ordem; mas quanto mais um evento se inclui na ordem material do universo, mais facilmente é predizível; quanto mais depende do espírito e da vontade livre, menos pode ser anunciado.

42. προαιρεσις

43. συντυξια, mais geralmente traduzido por acaso.

44. κατῦ λῴγον: segundo a razão seminal, neste caso entendida de forma mais literal, como o sêmen do progenitor, já que para as doutrinas biológicas da época a mãe era apenas a matriz receptora da semente masculina.

ajudaria na nossa realização[45]. Mas que sortes são essas? É o estado do universo no momento em que a alma entra no corpo, as particularidades de cada corpo, os pais, o lugar, numa palavra, todas as condições externas. Vê-se que todas estas coisas, nos seus detalhes e no seu conjunto, são produzidas ao mesmo tempo, e é Clotho, uma das Moiras, que os articula. Láquesis apresenta as sortes[46] e Átropos faz com que o cumprimento do destino seja irrevogável. Certamente há homens que vivem fascinados pelas coisas externas e dependem em tudo do universo: esses de pouco valem, não são nada[47]. Outros dominam as circunstâncias e levantam a cabeça para o alto, conservando livre a melhor e mais fundamental parte da natureza da alma. Seria errado acreditar que a natureza da alma deriva das impressões externas, e que não tenha natureza própria. Pelo contrário, ela é muito mais do que as outras coisas, ela é um princípio dotado de faculdades capazes de agir segundo a sua natureza. E, como é uma substância, não pode deixar de ter, além do ser, as tendências ativas para o bem. O ser composto de alma e corpo sem dúvida foi gerado pela natureza de um outro composto de alma e corpo, de onde recebe suas aptidões e ações. Mas, se a alma se separa do corpo, seus atos são próprios e não considera suas as afeções do corpo, pois percebe que são coisas diferentes[48].

16 Mais adiante[49] vamos analisar o significado dos termos "misturado" e "puro", "separado" e "não separado", e também o que é que da alma se une ao corpo, e o que é o animal; de fato as opiniões a esse respeito são muito variadas. Por agora vamos só explicar o que se entende pela expressão "a Alma governa o universo pela Razão"[50]. Há quem diga que a Alma forma os seres um depois do outro, primeiro o

---

45. *República* 10, 617 DE; 620 DE.

46. Parece pouco coerente designar por sortes as circunstâncias bem determinadas, como país e lugar; de fato a palavra sortes traduz κλῶεροι, que não é bem uma sorte ao acaso, mas uma distribuição; veja-se por exemplo o derivado dessa palavra em "clero" que designa a categoria de pessoas escolhidas (na Bíblia Hebraica e Cristã) para o serviço divino.

47. Cf. *Enéada* IV, 4, 40.

48. ως τῷ μών ὓλλο, τῷ δώ ὓλλο: para perceber a sua radical diferença com respeito ao corpo a alma tem que se separar dele: não parece que Plotino esteja se referindo à morte, mas ao distanciamento que só é possível a quem tem uma vida espiritual muito intensa, ou àqueles que, como ele, passaram pela experiência do êxtase, em que a alma se sente sair do corpo; hoje se chamaria a esse distanciamento um resultado da projeciologia.

49. *Enéada* VI, 7, 1.

50. *Fedro* 246 C 1-2; cf. *Enéada* II, 3, 13.

homem, depois o cavalo, depois outro animal e os animais selvagens, o fogo e a terra primeiro; assiste ao desenrolar de como estas coisas se encontram e se destroem ou se ajudam, se combinam e sucedem em suas derivações, sem interferir no que acontece, mas apenas continuando a produzir novos seres que provêm dos anteriores, os quais para se relacionar entre si só têm a experiência do que já sucedeu aos que lhes deram origem. Será assim, ou, pelo contrário, é a Alma a causa do que acontece, porque ela gera os seres que atuam? Será que o princípio racional de cada indivíduo contém as suas ações e afeções, de tal maneira que estas não são acidentais nem fortuitas, mas necessárias? Ou é a Alma, que contém as razões, que conhece os resultados das suas obras? A Alma é capaz de compreender e prever os efeitos das ações, porque ela sabe que os mesmos conjuntos de circunstâncias devem produzir os mesmos efeitos. Desta maneira ela concatena as coisas que vão acontecer. A Alma relaciona antecedentes e consequentes a partir de cada momento, e assim os seres procedem uns dos outros. Daqui também provém certa degradação, como, por exemplo, nos seres humanos: os homens de hoje em dia degeneraram em relação aos seus primeiros antepassados porque, à medida que passam as gerações, as razões vão cedendo cada vez mais às afeções da matéria.

Pode-se então supor que a Alma observa essa contínua mudança, acompanhando os efeitos dos seus atos; que essa é a sua existência, sem deixar nunca de pensar e cuidar da sua obra, sem nunca terminá-la, para que tudo chegue a bom termo; procede como um agricultor que, depois de ter semeado e plantado, continua cuidando da sua plantação para reparar os danos causados pelas chuvas, pelos ventos e tempestades. Mas isso seria absurdo, porque a Alma conhece de antemão a corrupção dos seres e os seus defeitos, pois estão contidos nas razões. Portanto os defeitos provêm das razões, mesmo que as artes e as suas razões não contenham nenhum erro, nem defeito, nem nada que destrua a obra de arte[51].

---

51. A ideia de que o Demiurgo cria o mundo e depois o corrige é própria dos gnósticos, e Plotino a combate, como combate outras doutrinas gnósticas: logo abaixo, a ideia de que exista alguma coisa intrinsecamente má no universo e, no final desta *Enéada*, todo o tratado nono. Já a afirmação sobre as artes é um pouco estranha ao contexto e precisa ser referida à *República* (342 B): "nenhuma arte possui imperfeição ou falha alguma, nem é próprio de uma arte procurar a conveniência de outra pessoa, senão a daquela a que pertence. Ao passo que cada arte, se o for de verdade, é incorruptível e pura; enquanto que, tomada no seu sentido exato, é inteiramente o que é". Se Plotino estava pensando nessa passagem da República, o sentido seria este: tal como a arte ideal, pura e perfeita, não produz obra defeituosa, assim a razão seminal não precisa ser corrigida nas suas obras ou efeitos.

Poder-se-ia dizer então que no universo não existe nada contrário à natureza nem nada de mau; mas também é preciso admitir que há coisas melhores e coisas piores. Porém como é que o que é menos bom concorre para a perfeição do universo? Não é necessário que todas as coisas sejam belas? Os contrários se associam e o cosmo não existe sem eles; e assim é com todos os seres vivos. A razão traz consigo o que há de melhor, e também aquilo que é menos bom; o que é menos bom encontra-se em potência nas razões, e em ato nos seres gerados. A Alma não tem, pois, que ocupar-se com isso nem fazer as razões agirem. De fato, a matéria, agitando os elementos derivados das razões[52], faz o que dela depende para degenerar a obra delas. Mas ela acaba submetida ao que é melhor, e assim de todas as coisas resulta uma ordem única, porque os seres são o resultado da matéria e das razões.

17 Será que as razões contidas na alma são pensamentos? Mas como poderia a Alma produzir por meio de pensamentos? É a razão que produz na matéria. Ora o princípio que produz naturalmente não é um pensamento, nem uma intuição, mas uma potência que dá forma à matéria cegamente, tal como um objeto produz na água uma figura e uma marca. Com efeito, a potência natural e geradora tem como função o produzir, mas necessita do concurso da potência principal da Alma, que forma e faz atuar a Alma geradora infundida na matéria. Será por meio do raciocínio que a potência principal da Alma forma a Alma geradora? Mas, se raciocina, deve considerar o objeto que está em si mesma, ou outro. Porém, se considera o que está em si mesma, não precisa raciocinar, porque não é com o raciocínio que a Alma dá forma à matéria, mas com a potência que contém as razões, a única que é eficaz e capaz de produzir. A Alma produz por meio das formas: ela deve dar aquilo que recebeu da Inteligência. A Inteligência dá as formas à Alma, que vem depois dela, e a Alma, por sua vez, as repassa

---

52. *Timeu* (53A) compara a formação das coisas à ação das máquinas e peneiras que agitam os grãos de cereal para separá-los, e prossegue: "Da mesma maneira os quatro elementos, sacudidos pela realidade que os tinha recebido, e cujo movimento lhes comunicava as sacudidelas como num crivo [...]". Para Platão isso teria acontecido antes que o Todo, formado por eles, tivesse sido ordenado. Certamente antes (da formação do mundo) todos os elementos se comportavam sem razão nem medida - αλῴγως καῶ αμῶτως.

à que vem depois[53], iluminando-a e dando-lhe poder; ela produz as coisas, às vezes sem dificuldades, outras vezes encontrando obstáculos. No caso de encontrar obstáculos, a produção é inferior. Como a Alma recebeu a capacidade de produzir, e como está cheia de razões derivadas, ela produzirá de acordo com a capacidade recebida, mas dela nasce uma coisa inferior. Produz um ser vivo imperfeito, que mal suporta a sua vida, porque é inferior, rebelde, grosseiro, feito de matéria ruim, depósito amargo rejeitado pelos seres superiores. Esse amargor[54], ela o espalha à sua volta e por todo o universo.

18 Segundo isso, é preciso considerar que os males do universo são necessários, já que são consequência de princípios superiores? Sim, pois sem eles o Todo ficaria incompleto. A maior parte dos males, para não dizer todos eles, são úteis ao universo, como os animais venenosos, embora muitas vezes não se saiba para que servem. Até a maldade é útil em muitos aspectos, e pode produzir uma multidão de coisas excelentes e artísticas[55] obrigando-nos a pensar a sério nas coi-

---

53. "A que vem depois" da Alma não é uma quarta hipóstase, mas um desdobramento da Alma: esta, sendo menos simples que a Inteligência, tem como que duas personalidades agentes: uma que contempla as ideias ou formas na Inteligência, outra que se volta para o mundo, e das ideias gera os seres produzindo-os na matéria. De fato as duas aptidões têm que estar no mesmo Espírito Superior – a Alma – pois, sem conhecer as formas ou idéias, não pode gerar; mas se as conhecesse, e não gerasse nada, o conhecimento não ativo das formas tornaria a Alma idêntica à Inteligência e indiferenciada dela. Se o mundo existe, e se é ordenado, tem que haver um intermediário, e um só, entre a matéria e a Ordem em si (a Inteligência). Esse intermediário tem que ser operante, o agente criador, a Alma, que precisa ter esses dois aspectos.

54. Plotino usa frequentemente uma linguagem metafórica, e este "amargor" da matéria degenerada é um bom exemplo, pois as palavras usadas são literalmente essas: "posto que da pior qualidade (ξεῶριστον) e desagradável (δῷσκολον – 'a letra: indigesto), selvagem (ὗγριον), de matéria ruim (ηῷλεες ξεῶρονος) que fica como que um sedimento (ηυποστῦτημεες) dos primeiros princípios (προεεγουμῶνων), amargo (πικρῦς) e produzindo amargor (πικρῦ). Ainda o termo mais duvidoso é o que diz "primeiros princípios", pois há duas outras ocorrências nas Enéadas que Liddley Scott traduz de outro modo: "se volta de preferência" (προεεγουμῶνως ὥρξεται, III, 8, 4, 44) e "aquilo que precede" (προεεγουμῶνως: VI, 8, 10, 10); portanto pode entender-se não os primeiros princípios, mas tudo aquilo que precedeu a matéria degrada ao extremo. Quanto ao amargor, deve observar-se ainda que há uma grande quantidade de adjetivos e verbos derivados de πικρῷς (agudo, ou pontudo) e que se podem traduzir com o sentido de pungente, irritante etc., mas a maior incidência de utilização diz respeito mesmo ao gosto: amargo ou de gosto semelhante a estragado. Parece, pois, que Plotino estaria aqui empregando πικρῦς como degenerado, arruinado.

55. Πολλων ποιεετικώεν καλων é traduzido por coisas belas, ou por objetos de luxo, ou objetos de arte. J.M.Q. diz "invenções" e Armstrong anota a possibilidade de Plotino estar pensando na poesia trágica, em que ações maldosas e pecaminosas são castigadas pelos deuses e nos fazem pensar na vida. A ser assim, diz Armstrong, Plotino estaria contrariando Platão,

sas da vida e a não nos deixarmos cair na indolência. Se essas reflexões são justas, é preciso admitir que a Alma contempla sempre os melhores princípios, porque se volta para o mundo inteligível e para Deus; e quando está repleta do que contemplou, como que transborda e produz a sua imagem, que é o princípio criador. Acima dessa potência está a potência superior, que está perante a Inteligência. E acima de tudo está a própria Inteligência, o Demiurgo, que dá à Alma as marcas que se mostram no terceiro[56]. Este mundo é, pois, uma imagem em perpétua formação: seu Primeiro Princípio e o Segundo estão em repouso, e também o Terceiro, este a não ser quando se move para a matéria. Enquanto houver a Inteligência e a Alma as razões fluirão para a imagem da Alma, tal como enquanto há sol dele sai toda a luz.

---

que no Livro II da *República* reprova aos poetas retratarem a imoralidade: "essas histórias são desagradáveis e não devem contar-se em nossa cidade" (377 E-378 B) e prossegue: "é que quem é jovem não é capaz de distinguir o que é alegórico do que o não é"(378 DE). Portanto, a reprovação de Platão é certamente pedagógica, de política educacional - "não é a nós que compete fazer versos, mas aos poetas: nós temos que dizer o que convém ou não à cidade" e à educação dos jovens. Ora, Plotino não pensou com certeza em termos pedagógicos ou políticos, mas ontológicos e teológicos e, neste caso, não haveria por que considerar essa passagem uma "chocante reviravolta (*startling reversal*)", diz Armstrong, p. 101, n. 1) das ideias de Plotino com relação às de Platão.

56. Plotino descreve os Seres primordiais criadores de duas maneiras: numa existe o Uno do qual emana a Inteligência, que comunica à potência superior da Alma as formas das coisas, e esta transborda para a potência inferior que as recebe e infunde na matéria, criando as coisas corporais; noutra maneira, fala na Trindade composta pelo Uno (o Primeiro), a Inteligência (o Segundo), e a Alma (o Terceiro), também imóvel, mas que pode voltar-se para a matéria e se tornar móvel no tempo e no espaço. Deve atender-se a essas maneiras de se exprimir para não fazer confusão entre Trindade e quatro hipóstases que, como se disse, não é correto.

QUARTO TRATADO
A matéria

1 A matéria é o sujeito e receptáculo das formas. Esta é a asserção comum de todos os autores que se ocuparam da matéria e conseguiram construir uma noção acerca da sua natureza; mas aqui acaba o acordo, e surgem muitas divergências sobre que substância e sujeito é esse, que essências recebe, e como as recebe. Aqueles que adotam a opinião segundo a qual as realidades são exclusivamente corporais, e que as únicas substâncias são os corpos, dizem que há apenas uma espécie de matéria, e que esta serve de sujeito aos elementos; todas as outras coisas, mesmo os elementos, são apenas afeções ou modos de ser da matéria. Ousam até dizer que há matéria nos deuses, e chegam a afirmar que o próprio Deus não é mais do que matéria modificada. Fazem da matéria um corpo, definindo-a como um corpo sem qualidades, mas com magnitude[57]. Admitem outros que a matéria seja incorpórea, e alguns deles distinguem a matéria que é substância dos corpos da matéria que é o sujeito das formas e das essências incorpóreas[58].

2 Antes de mais nada vejamos se essa matéria das essências corpóreas existe, como existe, e o que é. Se a essência da matéria é algo indeterminado, informe, e se nos seres inteligíveis, que são perfeitos, não deve haver nada indeterminado nem informe, parece que não há lugar para a matéria no mundo inteligível. Como toda a essência é simples, de modo algum teria necessidade da matéria, a qual, ao unir-se a outra coisa, produz um composto. A matéria é necessária nos seres que são gerados, que fazem nascer uma coisa da outra; porque são es-

---

57. Os filósofos a que Plotino se refere são os estoicos; os seguintes, que aceitam a matéria incorpórea, seriam os aristotélicos, que se opõem aos estoicos.

58. *Metafísica*: Lambda 6, 1071 b2 (formas puras). • Zeta 10, 1036 a 9-12. • Zeta 11, 1037 a, 4-5. • Eta 6, 1045 a, 33-37 em que fala de matéria intelectual, mas o sentido seria muito distinto desse de que fala Plotino.

ses seres os que levaram à noção de matéria. Mas, poder-se-á dizer, nos seres que não são gerados, a matéria parece inútil. De onde teria ela vindo e passado para as essências inteligíveis? Se foi gerada, um princípio a gerou; se é eterna, haverá vários princípios; então os seres que ocupam o primeiro lugar são contingentes. Por último, se a forma, nesses seres, chega a unir-se à matéria, a sua união constituirá um corpo, de tal modo que os inteligíveis serão corporais.

3 Antes de mais, responderemos que não se deve menosprezar em todos os casos o indeterminado nem o que se concebe como informe, se ele é o sujeito das coisas superiores e excelentes; assim a alma é indeterminada a respeito da inteligência e da razão, que lhe dão uma forma e uma natureza melhores. Por outro lado, no mundo inteligível, os compostos têm constituição diferente, pois também as razões são compostas e, pela sua ação, tornam composta a natureza que age para produzir a forma. Se o composto no mundo inteligível tende a outro princípio, ou depende dele, a diferença que há entre o composto e os corpos é ainda mais marcada. Além disso, a matéria das coisas geradas muda de forma sem cessar, enquanto que a matéria dos inteligíveis é sempre a mesma. Na ordem superior a matéria é todas as coisas ao mesmo tempo e, ao estar em todas as coisas, não pode mudar. Por conseguinte, nessa ordem nunca é informe – como também não o é neste mundo. Mas a matéria inteligível é gerada, ou é eterna? Para responder a essa pergunta precisamos primeiro definir o que ela é.

4 Admitamos a existência das ideias, cuja realidade demonstramos noutro lugar[59], e tiremos daí as consequências. As ideias têm necessariamente algo em comum, uma vez que são muitas, e algo próprio, porque são diferentes umas das outras. O que é próprio de cada ideia e a distingue das outras é a sua forma. Mas a forma supõe que há um sujeito que a recebe e que é determinado pela diferença. Há sempre, portanto, uma matéria que recebe a forma, e sempre ha-

---

59. *Enéada* V, 9 em particular os capítulos 3 e 4 demonstram a necessidade de aceitar a tese da existência de um mundo ideal, do qual o sensível é a imagem.

verá um sujeito. Além disso, o nosso mundo é a imagem do mundo inteligível[60], mas como é composto de matéria e de forma segue-se daqui que na região superior também deve haver matéria. Se não fosse assim como poderia dar-se o nome de cosmo – todo cheio de ordem e beleza – ao mundo inteligível, se não for pela forma e se não se vir que nele a matéria recebe a forma? A realidade inteligível certamente é una, mas de algum modo tem partes. Se as partes forem separadas, essa separação é uma afeção da matéria, porque é ela que sofre a separação. Mas se a realidade inteligível constitui um ser indivisível, essa multidão, que reside num ser uno, tem esse uno por sujeito, e matéria, e é as suas formas. Então essa unidade é pensada como tendo variadas configurações físicas[61]. Mas, antes de ser variado, tem que ser pensado como informe. Se o pensarmos sem variedade, sem figura, sem as razões, sem pensamentos, ele aparece como anterior a tudo isso, indeterminado e sem forma e nele já não estão as coisas que antes estavam nele e com ele.

5 Podia-se argumentar que, uma vez que a matéria inteligível sempre tem essas formas e, portanto, matéria e forma sempre estão juntas, e que portanto a realidade não é matéria, então a matéria dos corpos também não existiria, porque neles nunca há só matéria, mas sempre o seu composto completo, com a forma. A nossa inteligência vai analisando e dividindo a realidade até alcançar o que é tão simples que não pode decompor-se; mas, antes disso, ela sempre avança até chegar ao fundo da questão. Ora o que está no fundo de cada ser é a matéria. Toda matéria é escura, porque a luz está na razão, e a inteligência é a razão[62]. Quando a inteligência considera a razão um objeto, vê como obscuro aquilo que fica abaixo da razão porque fica inferior à luz. Do mesmo modo a vista, que é luminosa[63] e dirige o seu olhar

---

60. Essa doutrina vem de Platão e de Aristóteles, mas a expressão "mundo inteligível" só se encontra a partir de Fílon de Alexandria.

61. ARISTÓTELES. *Metafísica*. Delta 28, 1024 B 8-9.

62. ηῴτι τῷ φως ηο λῴγος καῶ ηο νοῷς λῴγος (7-8): no Evangelho de João (Jo 1,1-9) há uma constante alternância entre luz (φως) e razão ou palavra, verbo (λῴγος), mas sem se chegar a identificar, como Plotino, a razão com a luz.

63. *Timeu* 45B. • *República* 508 B, 1-3.

para a luz e para as cores, considera que é escuro e material o que está por baixo e esconde as cores.

Há porém uma grande diferença entre o fundo tenebroso das coisas inteligíveis e o das coisas sensíveis: há tanta diferença entre a matéria de umas e de outras como entre as respectivas formas. A matéria divina, ao receber a forma que a determina, possui uma vida intelectual e determinada; pelo contrário, a matéria do mundo, mesmo quando passa a ser uma coisa determinada, não é vivente nem pensante, é um cadáver enfeitado. Como a forma dos objetos sensíveis não passa de uma imagem, a sua matéria também não é mais do que uma imagem. Mas a forma superior é verdadeira forma, e o que lhe subjaz também. Por isso aqueles que dizem que a matéria é substância[64] se estão falando da matéria superior, estão corretos, porque aquilo que está subjacente à forma, nesse caso, é substância, sobretudo se se considera que há nela uma forma que a ilumina.

Quanto à questão de saber se a matéria inteligível é eterna, deve-se investigar da mesma maneira que se fez a respeito das ideias; com efeito, os inteligíveis são gerados, pois têm um princípio; mas não são gerados no tempo, pois existem desde toda a eternidade; não se parecem com as coisas do universo que estão sempre começando, mas com o próprio universo que sempre existiu. O outro-que-existe-sempre[65] produz a matéria inteligível e o movimento primário; por esta razão o movimento é chamado de "o outro" porque o Movimento e o Outro nasceram juntos; eles procedem do Primeiro e são indefinidos, necessitam do Primeiro para se definir[66]. Eles se determinam quando se voltam para o Uno. Porém, antes desse retorno, também a matéria era indeterminada, e também o Outro; ela não é boa porque não está iluminada pela luz do Primeiro. Porque a luz provém do Primeiro, e aquele que recebe a luz, enquanto não a tem, está sem luz; ele tem a luz como algo que não é dele, porque a recebe de outro. Mas sobre a natureza da matéria inteligível já falamos demais[67].

---

64. "Os estoicos". Cf. *Fragm.* II, 310.

65. *Sofista* 254 D-255 C.

66. *Enéada* V, 4, 2: da Díade indefinida e do Um derivam as formas e os Números: a Inteligência (8-10). • *Enéada* V, 3, 11: sobre o modo de processão da Inteligência. • *Enéada* V, 1, 7: A Inteligência é uma imagem de Deus.

67. Ou: revelamos mais do que convinha (παραγυμνωτηῶυτα: coisa deixada a descoberto, revelada, seminua; προσσεκῴντως: adequadamente, de modo conveniente).

6 Falemos agora do sujeito dos corpos. A transformação dos elementos uns nos outros demonstra que deve haver sujeito. Essa transformação não é uma destruição completa; se fosse, haveria nela uma essência que iria perder-se no não ser. Por outro lado o que é gerado não passa do não ser absoluto ao ser; toda mudança não é mais do que a passagem de uma forma a outra. Pressupõe-se então que há um sujeito permanente que recebe a forma da coisa gerada e perde a forma anterior. Isso é o que demonstra a destruição: porque ela atinge só o composto; ora cada ser individual é composto de matéria e de forma. Também por indução se prova que o objeto destruído é composto: analisando o processo pelo qual um vaso de ouro se derrete, e que esse ouro derretido ao corromper-se se converte em água: e a corrupção da água exige um processo análogo[68].

Os elementos ou são a forma ou a matéria, ou o seu composto; mas não podem ser só a forma porque sem matéria não teriam massa nem extensão. E também não podem ser a matéria-prima, posto que estão sujeitos à destruição; portanto são compostos de matéria e forma: a forma determina as qualidades, e a matéria é o sujeito indefinido, porque não é a forma[69].

7 Empédocles faz consistir a matéria nos elementos; mas a corrupção a que tais elementos se acham expostos refuta essa doutrina. Anaxágoras considera matéria uma mistura e entende que ela contém todas as coisas em ato, e não como sendo a capacidade de produzir qualquer coisa; desse modo acaba com a Inteligência no seu sistema, pois não é ela que dá a forma e a essência, já que não é anterior à matéria, mas simultânea[70]. Mas esta simultaneidade é impossível: se a mistura participa do ser, o próprio ser lhe é anterior, mas se a mistura é outro modo de ser, então terá que haver um terceiro existente que lhes seja superior. Por conseguinte, se o Demiurgo é necessariamente anterior não seria preciso distribuir as formas em pequenos pedaços

---

68. Tradução duvidosa ou passagem que, para ser compreensível, precisa de explicação dentro da doutrina da alquimia.

69. Sobre matéria e forma: Aristóteles. *Física* A,7, 190 B 20. • O céu: Gama 8, 306 B 17.

70. A crítica aos fisiólogos é baseada em Aristóteles: *Física* A 4, 187 a, 12ss. • *Metafísica:* A 7, 988 a, 27ss. (ou A 3). • *Lâmbda* 2, 1.069 b 20-23.

na matéria e deixar à Inteligência o trabalho inútil de as separar (já que é impossível dar qualidades à matéria, que não as tem) – quando poderia submeter toda a matéria à forma? E a concepção dele não tornaria impossível que tudo estivesse em tudo?

Quanto aos que admitem que a matéria é o infinito[71], devem eles explicar o que é. Se é o que não tem limites, não pode existir, nem em si mesmo, nem como acidente de um corpo. O infinito não existe por si, porque cada uma das suas partes seria necessariamente infinita; e não existe como acidente, porque o sujeito do qual ele é o acidente não seria infinito por si mesmo; então ele não seria uma coisa simples e não seria a matéria[72].

Os átomos também não poderiam desempenhar o papel de matéria porque eles não são nada, já que todo corpo é divisível até ao infinito. Contra a doutrina dos átomos poderia argumentar-se ainda com a continuidade dos corpos, e com o estado líquido. Nada pode ser feito sem a Inteligência e a Alma, que não podem ser feitas de átomos; é impossível que uma natureza que seja diferente dos átomos possa produzir alguma coisa com eles, pois nenhum demiurgo pode fazer seja o que for com uma matéria descontínua. Inúmeras outras objeções se poderiam fazer contra esse sistema; mas já foram feitas e é inútil prolongar esta argumentação.

8 Qual é, pois, essa matéria una, contínua, e sem qualidades? Evidentemente não pode ser um corpo, porque não tem qualidades; se fosse corpo, as teria. Dizemos que ela é a matéria de todas as coisas sensíveis, e não matéria para algumas e forma para outras, tal como o barro é matéria para o oleiro, mas não a matéria em sentido absoluto. Posto que não consideramos a matéria de tal ou qual objeto, mas a matéria de todas as coisas, não atribuiremos à sua natureza nada do que cai debaixo dos sentidos, nenhuma qualidade, nem cor, nem calor, ou frio, ou leveza, ou peso, densidade ou rarefação, nem figura nem tamanho. Porque uma coisa é o tamanho e outra é ser grande, uma coisa é a figura e outra é ser figurado. A matéria, portanto, não é uma coisa

71. Anaximandro.

72. *Timeu* 52b2.

composta, mas simples, e una por natureza. Só nessa condição está privada de todas as propriedades. O princípio que dá forma e matéria lhe dá a forma como uma coisa alheia à sua natureza; nela introduzirá também a magnitude e todas as propriedades reais. Se não fosse assim, ele ficaria escravo da magnitude da matéria, e não realizaria o que quer, mas o que a matéria quer. Seria uma ficção dizer que a sua vontade se conformaria com o tamanho da matéria. Mas se o princípio ativo é anterior à matéria, a matéria será sempre tal como ele quer que ela seja, capaz de receber docilmente toda espécie de forma e, por conseguinte, também o tamanho. Se a matéria tivesse tamanho, teria também figura, pelo que seria mais fácil de moldar. Portanto a forma entra na matéria trazendo-lhe todas as propriedades. Ora toda forma contém uma magnitude e uma quantidade que são determinadas pela razão, e com ela. Por isso a quantidade, em todas as espécies de seres, só é determinada com a forma, porque as dimensões de um pássaro não são as de um homem, e os tamanhos das aves não são todos iguais. Seria surpreendente que pretendêssemos que dar à matéria a quantidade de um pássaro fosse uma coisa diferente de imprimir-lhe a qualidade. Não cabe dizer que a qualidade seja um princípio formativo, e a quantidade não o seja, pois que ela é forma, medida, e número.

9 Mas, perguntará alguém: como entender uma coisa que não tem tamanho? É que nem todas as coisas são idênticas à quantidade. O ser é distinto da quantidade, posto que há muitas outras maneiras de ser além da de ter uma quantidade. Deve-se admitir, por exemplo, que nenhuma natureza incorpórea tem quantidade. Mas a matéria também não tem corpo. Por outro lado, a quantidade não é um ser quantificado, ou um quanto. Um quanto é uma coisa que participa da quantidade: aí está outra prova de que a quantidade é uma forma. Do mesmo modo que um objeto passa a ser branco pela presença da brancura, e o que produz no animal a brancura e as outras cores não é uma cor variada, mas um princípio formativo variado, assim o que produz um quanto não é um quanto, mas o próprio quanto ou quantidade mesma ou a sua razão. Quando a quantidade entra na matéria precisa estendê-la para dar-lhe magnitude? De maneira nenhuma: a matéria não tinha sido comprimida. A forma dá à matéria a magnitude que ela não tinha, tal como lhe imprime a qualidade da qual carecia.

10 Como se pode conceber uma matéria não quantificada? E como poderíeis pensá-la sem a qualidade? Com que espécie de pensamento e raciocínio nos podemos aproximar dela? Pela indeterminação. Uma vez que aquele que conhece deve ser semelhante ao que é conhecido, o indeterminado deve ser apreendido pelo indeterminado. A razão pode ser determinada a respeito do indeterminado; mas o olhar que sobre ele se projeta é indeterminado. Se cada coisa é conhecida pela razão e pela inteligência, a razão diz-nos sobre a matéria o que cumpre dizer; mas quando a inteligência quer captar o sentido do que foi dito, só chega à negação do pensamento; o que se consegue entender é apenas uma representação espúria e inadequada a um outro que não é verdadeira realidade, e cuja forma é apenas o ser outra coisa. Por isso, disse Platão que ela é captada por um pensamento espúrio[73]. Em que consiste a indeterminação da alma? Numa ignorância absoluta ou numa completa ausência de conhecimento que chega à incapacidade de falar? Não: o indeterminado consiste em algo positivo; assim como para o olho a obscuridade é a matéria de toda a cor visível, assim a alma, ao fazer a abstração, nos objetos sensíveis, de todas as coisas que são de certo modo a luz deles mesmos, não pode determinar o que fica; e tal como o olho nas trevas fica semelhante a elas, assim a alma se torna semelhante ao que vê. E então, ela vê alguma coisa? Claro que sim, vê algo que não tem figura, nem cor, nem sequer tamanho. Se esse algo tivesse tamanho, a alma lhe atribuiria uma figura.

Quando a alma não pensa em nada, não está num estado semelhante àquele em que fica quando pensa a matéria? Não: quando a alma não pensa em nada, quando não afirma nada, não experimenta nada. Quando pensa na matéria, experimenta alguma coisa: recebe a impressão do informe. Quando se representa os objetos que têm uma forma e um tamanho, concebe-os como compostos, porque os vê distintos e determinados pelas qualidades que contêm. Concebe, pois, o todo e os dois elementos que o formam. Tem assim uma percepção clara, uma sensação viva das propriedades inerentes à matéria. Pelo contrário, do outro, daquele que não tem forma, a percepção é obscura. Por conseguinte, quando a alma considera a matéria no todo, no composto, com as qualidades inerentes a esse composto, separa-os,

---

73. *Timeu* 52B2.

analisa-os e o que a razão deixa depois dessa análise é percebido de modo vago o que é vago, obscuramente o que é obscuro; pensando sem pensar. E como a matéria não permanece informe, como nos objetos, ela tem sempre uma figura, a alma que sofre de indeterminação impõe-lhe sempre a figura das coisas, porque parece que teme sair da ordem das realidades se se detém no não ser.

11 Alguém pode dizer que, para compor os corpos, é necessário mais alguma coisa além da extensão e de todas as qualidades. Certamente; é preciso que haja um sujeito que as receba. Então é a massa. Mas se há massa, há magnitude? É claro que se a massa não tem tamanho, não tem base para receber nada. Mas sem tamanho, para que serve, se não contribui nem para a forma nem para as qualidades, nem para a magnitude nem para a extensão?[74] Parece que a extensão, em qualquer lugar que esteja, é dada aos corpos pela matéria. Da mesma maneira que as ações, os efeitos, os tempos, os movimentos, existem sem ser eles mesmos matéria, também parece que os corpos elementares não requerem uma matéria, mas que são seres individuais cuja substância diversa está constituída pela mescla de diversas formas. Por isso esta matéria sem tamanho é um nome vazio[75].

Respondemos em primeiro lugar que nem todo receptáculo é necessariamente uma massa, a não ser que tenha recebido a extensão. A alma, que possui todas as coisas, contém-nas todas ao mesmo tempo; se a grandeza fosse um dos seus atributos, ela possuiria todas as coisas de modo extenso. Mas a matéria é capaz de receber a extensão e, por isso, ela aceita extensão em tudo aquilo que recebe. Da mesma maneira nos animais e nos vegetais, o aumento e a diminuição da magnitude correspondem a um aumento e a uma diminuição da qualidade. Seria errado supor que a magnitude é necessária à matéria pelo fato de que nos objetos sensíveis exista previamente uma magnitude sobre a qual se exerce a ação do princípio que forma esses objetos; isso é assim em tais seres porque a matéria deles não é matéria pura, mas esta ou aquela matéria: a matéria pura deve receber de outro

---

74. *Enéada* II, 4, 12.

75. BASÍLIO. In: *Hexaemeron* I, 21, A. • GREGÓRIO DE NISSA. *De hominis opificio*, 213 c.

princípio a sua extensão. Por conseguinte, o receptáculo da forma de maneira nenhuma poderia ser uma massa: ao receber a extensão recebe, além dessa, as outras qualidades. Imagina-se às vezes a matéria como um volume, porque a matéria-prima tem aptidão para chegar a ser extensão. Mas é um volume vazio. Por isso alguns dizem que a matéria é o vazio[76]. Digo, pois, que a matéria é a imagem aparente da extensão, porque a alma, como não pode determinar nada quando considera a matéria, deixa-se ir na indeterminação sem poder delimitar nada nem tomar nenhuma direção, porque isso já seria determinação. Desse indeterminado não pode pois dizer-se que é grande ou pequeno: ele é ao mesmo tempo grande e pequeno[77]. É massa num sentido e noutro é inextenso, porque é a matéria da extensão. Se se contrai, ou expande, de algum modo precisa de extensão. A sua indeterminação é extensão no sentido de que tem capacidade para ser extenso. Mas essas são representações imaginárias da matéria, tal como acima explicamos. Cada uma das outras formas que não têm extensão, mas que são formas, são determinadas e, por conseguinte, não implicam nenhuma ideia de extensão. Contudo, a matéria, indeterminada como é, é instável, levada aqui e ali para receber as formas, por sua adaptabilidade torna-se múltipla pela variedade dos seres que são gerados; assim adquire as características da massa.

12 As extensões concorrem, por conseguinte, para a constituição dos corpos, porque as suas formas incluem extensão. Essas formas são produzidas não na extensão, mas no sujeito que recebe a extensão. Se se produzissem na extensão, em lugar de se produzir na matéria, não teriam nem extensão nem substância, porque seriam apenas razões - que estão na alma, e não habitam nos corpos. No mundo sensível, cada uma das muitas formas deve ter um sujeito uno, que tenha recebido a extensão e, por conseguinte, seja distinto da extensão. Todas as coisas que se misturam são identificadas por terem matéria, e não têm necessidade de outro sujeito, posto que cada uma delas traz consigo a matéria. Mas as formas necessitam de um receptáculo ou lugar para conter os corpos, mas o lugar é posterior à maté-

---

76. ARISTÓTELES. *Física* - Delta 7, 214 a 13.

77. ARISTÓTELES. *Física* A 4, 187 a 17; e Gama 4, 203 a 16.

ria e aos corpos. Os corpos pressupõem, portanto, a matéria. É certo que as ações e operações não têm matéria, mas daí não se segue que os corpos não tenham matéria; os corpos são compostos, mas as ações não. Quando uma ação se produz, a matéria serve de sujeito ao agente, permanece nele sem entrar por si mesma na ação, porque não é isso que o agente quer. Uma ação não se transforma noutra ação, e portanto não tem necessidade de ter matéria; o que passa de uma ação a outra é o agente, que assim serve de matéria para as suas ações. A matéria é, pois, necessária à qualidade tanto quanto à quantidade e, por conseguinte, também para os corpos. Não é um nome sem sentido[78], mas um sujeito, mesmo quando não seja visível nem extensa; se não, estaríamos obrigados, pela mesma razão, a negar também as qualidades e a extensão, já que poderia dizer-se que cada uma dessas coisas, tomada em si mesma, não é nada. Mas se essas coisas têm existência, mesmo que obscura, com maior razão deve ter existência a matéria, mesmo que essa existência não seja evidente nem captada pelos sentidos: não o é pela vista, pois não tem cor, nem pelo ouvido, porque não produz som; não é úmida, por isso não é captada pelo nariz ou pela língua. Será ao menos percebida pelo tato? Não, porque não é um corpo: o tato reconhece só o corpo, o que é denso ou rarefeito, duro ou macio, úmido ou seco; e estes atributos não se aplicam à matéria. Esta só pode ser apreendida por um processo mental que não provenha da inteligência, mas seja vazio. Daí chamar-se espúrio, como se disse acima[79]. A corporeidade não é própria da matéria; se a corporeidade fosse um princípio formativo racional, seria diferente da matéria; são coisas distintas. Mas se se considera a corporeidade que modificou a matéria e se uniu a ela, então já é um corpo, e não é só matéria.

13 Na suposição de que o sujeito das coisas seja uma qualidade comum a cada um dos elementos, é preciso explicar antes de mais nada o que seja essa qualidade. Depois perguntar: como é que uma qualidade pode ser um sujeito? E se uma qualidade é inextensa e imaterial, como é que ela é percebida? Como inextensa? E se a qualidade é determinada, como será a matéria? Mas se é indeterminada

---

78. κενῷν ὤνομα

79. Cap. 10.

já não será uma qualidade, mas aquela matéria que é o que estamos procurando.

Poder-se-á perguntar se a matéria não tem nenhuma qualidade – porque em virtude da sua natureza não participa de nenhuma qualidade das outras coisas – o que impede que essa mesma propriedade de não participar em nenhuma qualidade não seja, na matéria, uma qualificação, um caráter particular e distintivo, que consiste na privação de todas as outras coisas? No homem, estar privado de alguma coisa é uma maneira de qualificar: a privação da vista é a cegueira. Se na matéria há privação de certas coisas, essa privação para ela não é também uma qualificação? Mas se há na matéria uma privação absoluta de todas as coisas, mais se confirma que é uma qualidade.

Contudo essa objeção converte tudo em qualidades e em coisas qualificadas; nesse caso a quantidade é uma qualidade, tal como a natureza. Uma coisa qualificada deve ter uma qualidade. Seria ridículo pretender que alguma coisa seja qualificada pela ausência de qualidade, ou seja, por aquilo que não é qualidade. Dir-se-á que "ser outro" é uma qualidade. A isso perguntamos se a coisa que é diferente é a própria diferença ou alteridade; se é, não o é enquanto coisa qualificada, uma vez que a qualidade não é uma coisa qualificada; se é simplesmente outro, ou diferente, não o é por si mesmo, mas pelo que o faz diferente, tal como uma coisa é idêntica pela identidade. A privação não é uma qualidade, nem um qualificativo, mas a ausência de qualidade (ou de outra coisa) tal como o silêncio é a ausência de som. A privação é uma coisa negativa; a qualificação é uma coisa positiva. A propriedade da matéria não é uma figura, porque a sua propriedade consiste precisamente em não ter qualificação nem forma. É absurdo pretender que esteja qualificada por não ter qualidade; é como dizer que algo é extenso precisamente porque não tem extensão. A propriedade da matéria não é, pois, outra coisa além de ela ser o que é; a propriedade não é um atributo: consiste numa disposição para chegar a ser as outras coisas; é diferente das outras coisas, mas tem relação com elas. As outras coisas não são só diferentes, mas cada uma tem a sua forma individual; porém da matéria só se diz que ela é "outra coisa", ou melhor "outras"porque o singular ainda é muito determinado, e o plural expressa melhor a indeterminação.

14 Examinemos se a matéria é privação, ou se a privação é um atributo da matéria. A teoria segundo a qual a matéria e a privação constituem uma só coisa[80] no que se refere ao sujeito, mas duas coisas quanto à noção deve explicar qual é a natureza dessas duas coisas, e definir a matéria, sem incluir na definição nada do que é da privação, e vice-versa. Ou nenhuma das duas coisas implica a outra, ou se implicam reciprocamente, ou só uma das duas implica a outra. Se é para definir cada uma delas em separado, e nenhuma das duas implica a outra, as duas formarão duas coisas, e a matéria será distinta da privação, mesmo que a privação seja um predicado acidental da matéria[81]. Mas é preciso que nenhuma das duas se encontre, nem sequer potencialmente, na definição da outra. Estão na mesma relação do nariz chato com o ser achatado?[82] Então cada uma dessas coisas é dupla, e há duas coisas. Estão na mesma relação que o fogo e o calor? O calor está no fogo, mas o fogo não está sempre onde há calor; assim, ao ter a matéria como qualidade da privação (do mesmo modo que o fogo tem por qualidade o calor), a privação passa a ser uma forma da matéria, e tem um sujeito diferente de si mesma, que é a matéria. Não há pois unidade nesse sentido.

Será que a matéria e a privação são uma só coisa substancialmente, mas duas coisas logicamente, no sentido de que a privação não designa a presença de uma coisa, mas antes a sua ausência? Será a privação uma espécie de negação da realidade? A negação limita-se a constatar o não ser, e não acrescenta nenhuma contribuição. A privação é, pois, de certo modo, a negação do ser. Se à matéria se chama não ser no sentido de que não é o ser, mas outra coisa que não é ser, há duas definições a fazer, uma das quais se aplica à substância enquanto que a outra se aplica à privação, mostrando a sua relação com outras coisas.

---

80. ARISTÓTELES. *Física* A 9, 192 a, 3-4: "distingue-se a matéria da privação porque a matéria só é não ser em virtude do atributo que tem, enquanto a privação é não ser pela sua própria natureza; a matéria é quase uma substância, em certo sentido, enquanto a privação não o é em nenhum sentido".

81. κῦν συμβεβῶεκεει αυτῶει ηεε στῶρεεσις: todos traduzem συμβεβῶεκεει por "estar por acidente", porém MacKenna traduz por "estar junto", opção aceita por Liddell Scott em συμβεβαιῴω: "a privação sempre acompanha a matéria", interpretação que está mais de acordo com o contexto anterior, embora gramaticalmente menos segura.

82. Exemplo tirado de Aristóteles. *Metafísica* Z5, 1030b, 30-31; mas o nariz chato tem uma elevação na ponta, pelo que se pode traduzir também por "arrebitado".

Talvez se deva admitir que a matéria se defina, tal como o substrato, como uma relação com as outras coisas; mas a privação mostra claramente a indeterminação da matéria, e pode indicar o que ela é. Nesse caso seriam uma só coisa no substrato, mas duas pela lógica. Como pode, porém, haver logicamente duas definições, se a privação, por ser indeterminada, indefinida, e não qualificada, é idêntica à matéria?

15 Examinemos agora se o indeterminado e o indefinido são atributos que se predicam acidentalmente de alguma outra natureza, e como é que são atributos acidentais, e se a privação pode ser considerada um atributo acidental. As coisas que são número e as razões estão livres de toda limitação – já que elas mesmas são determinações e regras para as outras coisas que por elas são ordenadas; mas essas coisas não impõem a ordem, pois uma coisa é receber a ordem e outra coisa é impor a ordem, e o que impõe a ordem é o limite, e a proporção, e aquilo que recebe a ordem deve ser ilimitado[83]. Se isso é assim, aquele que recebe a ordem e a determinação é necessariamente o infinito. Ora o que recebe a ordem é a matéria com as coisas que estão com ela ou atuam com ela; portanto a matéria deve ser ilimitada; não porém ilimitada no sentido acidental, porque o não limitado não é para ela um atributo acidental. Para começar, todo acidente deve ter uma razão; mas o ilimitado não é uma razão. Além disso, de que é que o ilimitado pode ser predicado acidentalmente? Do limite e do que é limitado. Mas a matéria nem é limitada, nem é limite. Além disso, o ilimitado não pode unir-se ao que é determinado sem destruir a natureza deste. Portanto o que não tem limite não pode ser um acidente da matéria. A própria matéria é o ilimitado. Mesmo no mundo inteligível, a matéria é o ilimitado, e é produzida pelo ilimitado poder e eternidade do Uno; a ausência do limite não está no Uno, mas o Uno o produz. Pode haver ilimitado lá, e aqui? Então o não limitado é duplo. E como se diferenciam? Como o arquétipo da sua imagem. Então o ilimitado daqui é menos ilimitado? Pelo contrário, é mais, pois precisamente pelo fato de a imagem estar mais distante do ser e da verdade é mais

---

83. Frase difícil de entender, e sujeita a outras possíveis traduções e interpretações, por exemplo: os números e proporções não impõem a ordem, quem dá a ordem às coisas é o limite e a regra, que estão acima do número e da proporção; ou ainda: as coisas que já têm ordem por si mesmas, como o número e a proporção, não precisam receber ordenamentos.

indefinida. O ilimitado está presente em grau mais elevado naquilo que é menos definido. Está menos no bem e mais no mal. O que é superior, que tem um grau maior de existência, é ilimitado como uma imagem, e o que é inferior e tem um grau menor de existência, e na proporção em que escapou ao se e à verdade e se afundou na natureza da imagem, é mais verdadeiramente ilimitado. Então o ilimitado e a essência do não limite são a mesma coisa?[84] Quando nele há razão e matéria são diferentes; mas quando no ilimitado há só matéria, o ilimitado e a sua essência são a mesma coisa. Ou antes: no mundo inferior o ilimitado não tem essência, pois se a tivesse, essa essência seria um princípio formativo, o que é contrário ao seu modo de ser. Portanto a matéria é em si mesma sem limites por oposição à razão. Assim como a razão, considerada em si mesma, é chamada razão, assim a matéria, que se opõe à razão por sua ausência de delimitação, é só matéria e nada mais e deve ser chamada simplesmente o indeterminado[85].

16 Há identidade entre a matéria e a diferença, ou alteridade? A matéria não é idêntica à alteridade, mas só a uma parte desta, aquela que se opõe aos seres verdadeiros e às razões. Neste sentido é que se pode dizer do não ser que ele é algo, que é idêntico à privação, contanto que a privação seja a oposição às coisas que existem na razão[86].

---

84. ARISTÓTELES. *Física*: Gama 5, 204 a, 20-24: "é claro que o infinito não pode ser uma coisa atual, nem uma substância ou princípio, porque qualquer parte dele que se tomar será infinita, se é que tem partes, porque ser infinito, e o infinito, são a mesma coisa, se é uma substância e não um predicado ou sujeito.

85. No aristotelismo, que Plotino aqui está seguindo, a razão ao conhecer as coisas as define – isto é, as apresenta à mente; isso tanto se pode dizer da razão humana no processo de conhecimento da realidade, como das razões seminais ou princípios formativos dos seres; de fato o ser como transcendental é equivalente ao Uno e à Verdade, porque para ser o que é tem que ser ele mesmo e não outra coisa, e portanto tem que se distinguir dos outros seres: unidade interna (ser o que é) coexiste necessariamente com a determinação ou definição (ser como é) o que coloca os limites com relação aos demais seres; só é inteligível o que existe, e só existe aquilo que não é outra coisa; consequentemente todo esse raciocínio se pode inverter: o indeterminado não é inteligível – dele só se tem um pensamento espúrio como se disse acima – e sua existência se assemelha ao não ser.

86. "Que significa nada, senão o que não existe? Talvez digas a verdade, mas impede-me de concordar o que acima concedeste: que não há sinal que não signifique alguma coisa. Ora o que não existe não pode de maneira nenhuma ser alguma coisa. Portanto (a palavra nada) não é sinal, pois não significa uma coisa. [...] De preferência a uma coisa nula diremos antes que palavra (nada) se significa certa impressão do espírito quando este não vê uma coisa, e não obstante descobre ou pensa ter descoberto que ela não existe" (AGOSTINHO DE HIPONA. *O Mestre*, cap. II.

Será a privação destruída pela sua união com a coisa a respeito da qual é um atributo? De modo nenhum. O receptáculo de um modo de ser não é um modo de ser, mas uma privação, tal como o receptáculo do finito não é o limitado, mas o ilimitado enquanto ilimitado. Como é que a determinação pode unir-se ao ilimitado sem destruir a sua natureza, sempre que esse ilimitado não o é por acidente? Destruiria esse ilimitado se fosse sem limites na quantidade; mas não é isso que se dá, mas ao contrário a determinação conserva o ilimitado em sua essência e realiza completamente a sua natureza, como se fosse uma terra sem sementes quando as recebe, ou quando a fêmea foi fecundada pelo macho – ela não perde a sua natureza feminina, mas a eleva a um grau mais alto, realizando-se mais ainda no que ela é. Então a matéria é um mal quando participa do bem? Sim, porque ela precisa do bem que não tem. O ser ao qual falta alguma coisa, e a obtém, ocupa uma posição intermédia entre o mal e o bem, se fica no equilíbrio entre um e outro. Mas o que nada tem, o que está na indigência, ou é a própria indigência, é necessariamente mal. Porque não se trata de pobreza de bens, nem de força corporal[87], mas de pobreza de sabedoria, pobreza de virtude, de beleza, de vigor, de figura, de forma, e de qualidade. Uma coisa assim não deveria ser disforme, absolutamente feia, absolutamente má? Mas no mundo do inteligível a matéria é o ser porque o que vem antes dela está para além do ser. Pelo contrário, no mundo sensível, o que está acima da matéria é o ser. A matéria, por conseguinte, é o não ser e, portanto, é alheia à beleza do ser.

---

87. ουδώ ισξῷος: nem pobreza de força corporal; mas, quando contrapõe à pobreza de riqueza e força a pobreza de sabedoria e virtude acrescenta outros bens espirituais, entre os quais ισξῷος, escrito exatamente igual ao anterior – ou seja, o que numa frase é bom, na seguinte é um mal; por isso traduzimos por vigor, para evitar confusão. Embora seja assunto de menor importância, é curioso ver como cada tradutor lida com o problema: Faggin e Bréhier não traduzem o segundo ισξῷος, Armstrong não traduz o primeiro; MacKenna traduz por "boa figura" (παττερν) e J.M.Q. por vigor. Mas nenhum se dá ao trabalho de explicar nem a incongruência de Plotino, nem a razão da sua solução; parece que o segundo ισξῷος é que vem fora de propósito. Bréhier e Faggin o colocam no texto grego entre parênteses, mas Armstrong coloca sob suspeita o primeiro.

QUINTO TRATADO
Sobre a existência em potência e em ato

1 Diz-se que tal coisa está em potência, e que outra está em ato; o ato inclui-se entre os seres. É preciso, pois, examinar o que é ser em potência, e ser em ato; devemos averiguar se ser em ato é o mesmo que ser um ato, se o que é um ato é também em ato, ou se são duas coisas distintas, de tal maneira que o que é em ato não seja necessariamente um ato.

É evidente que na ordem dos objetos sensíveis há coisas em potência. Será também que entre os inteligíveis há algo em potência? É o que devemos examinar. Os inteligíveis só existem em ato e, mesmo que haja algo em potência, é só potencial, porque como está fora do tempo nunca chegará a ser ato. Expliquemos primeiro o que se entende por ser em potência, já que ao dizer "em potência" queremos indicar que não é em sentido absoluto - ser em potência é relativamente a alguma coisa; por exemplo o bronze é em potência em relação a uma estátua[88]. Porque se nada estivesse para acontecer com uma coisa, ou nela, se essa coisa não estivesse a ponto de ser alguma coisa mais do que é, se não fosse possível que viesse a ser algo, seria somente o que é. Mas o que ela é, já o é, não está para ser. Que outra coisa podia vir a ser senão o que já é? Portanto não está em potência. Sendo assim, ao considerar o que é uma coisa em potência e outra em ato, diz-se que a que está em potência, quando ela se pode tornar uma coisa diferente do que é, quer sendo o que é depois de ter produzido essa outra coisa, já porque, ao ser outra coisa que é em potência, deixa de ser o que era. Se o bronze é uma estátua em potência, não o é da mesma maneira que a água em potência é bronze, nem como o ar é fogo em potência.

Deve-se então dizer que o que é assim em potência é uma potência em relação ao que deve ser? O bronze, por exemplo, é a potência

---

88. Mesmo exemplo em ARISTÓTELES. *Física*: Gama 1, 201 a 30.

de uma estátua? Se se entende por capacidade de produzir, com certeza não é. Porque a potencialidade no sentido de ser apto a produzir não está em potência. Se se refere ao ser em potência não só ao ser em ato, mas também ao ser um ato, o ser em potência seria a própria potência. Mas fica mais claro contrapor o ser em potência ao ser em ato. A existência potencial neste sentido é como algo que é sujeito natural de modificações passivas, que recebe figuras e formas, as quais se esforça por captar, e que umas vezes o aperfeiçoam e outras lhe são inferiores, cada uma das quais é um ato diferente dos outros.

2 Quanto à matéria, é preciso examinar se ela é algo em ato e que ao mesmo tempo está em potência para as formas que vai receber, ou se está mesmo em ato. Em termos gerais, todas as coisas das quais dizemos que estão em potência, passam ao estado de ato ao receber a forma, continuando a ser o que são. Da estátua diz-se que está em ato, e se contrapõe a estátua em ato à que está em potência; mas daquilo que é uma estátua em potência não se diz que está em ato como estátua. Se é assim, o que está em potência não se torna naquilo que é em ato; mas do que era antes uma potência provém o que é depois um ato. Quanto ao ser em ato o que está em ato é o composto e não a matéria; é a forma acrescentada à matéria. Isso ocorre quando outra essência se produz, por exemplo quando do bronze se produz a estátua; porque essa essência é diferente, é o composto que constitui a estátua.

Nos objetos que não têm nenhuma permanência, aquilo que se diz ser em potência é evidentemente coisa diferente do que se diz ser em ato. Mas quando o homem erudito em potência se torna o homem erudito em ato, não é o mesmo homem? O Sócrates potencialmente sábio[89] e o Sócrates sábio em ato são a mesma pessoa. Mas então o homem ignorante e o sábio são o mesmo? A mudança é acidental, porque se era culto em potência não era por isso que era ignorante; mas a sua alma, que estava por si mesma disposta a ser sábia em ato, continua a ser sábia em potência ao mesmo tempo em que é sábia em ato, pois conserva sempre a mesma potencialidade. Nada contra: ser erudito potencialmente, e ser erudito em ato podem coexistir: no primeiro caso o ho-

89. Plotino vai alternando, como sendo a mesma coisa, γραμματικῷς, o erudito, que estudou gramática (e literatura etc.), e σοφῷς, o sábio culto.

mem é só erudito em potência, no segundo o homem conserva essa potencialidade, mas essa potência recebeu a sua forma e passou a ato. Se o que está em potência é o sujeito, e o que está em ato é o composto, como no caso da estátua, que nome receberá a forma acrescentada ao bronze? Não é ilógico chamar-lhe ato, pelo qual a estátua está em ato e não em potência; não é o ato em sentido absoluto, mas o ato de um ser determinado. Porém o nome de ato em sentido próprio convém mais ao ato que corresponde à potência que leva alguma coisa ao ato. Com efeito, quando o que era em potência chega a ser em ato, deve-o a outra coisa que não ela. Quanto à potência que produz por si mesma aquilo de que é potência, isto é, que produz o ato correspondente a essa potência, é um hábito; o ato que corresponde a esse hábito deve-lhe o seu nome; por exemplo ao hábito que é a coragem corresponde o ato de ser corajoso. Mas sobre esse assunto já falamos bastante.

3 As considerações precedentes merecem uma explicação. Começamos por elas porque tínhamos por objetivo determinar em que sentido se diz que os inteligíveis estão em ato; e também se cada inteligível está somente em ato, ou e é também um ato; e por fim, no caso de todos os inteligíveis serem em ato, se pode haver lá algo que esteja em potência[90]. Se no mundo inteligível não há matéria de que se possa dizer que está em potência, e se nenhuma substância deve, nesse mundo, tornar-se o que ainda não é, nem por transformação, nem permanecendo no seu ser gerando outra, ou saindo de si mesma fazendo com que exista outra no seu lugar, então não poderia encontrar-se nenhuma coisa em potência entre as substâncias eternas situadas fora do tempo. Pode-se, portanto, perguntar aos que admitem que a matéria existe inclusive nos inteligíveis se há neles uma potencialidade que corresponda à matéria; porque, mesmo que a matéria no mundo inteligível exista de maneira diferente de como existe no mundo sensível, contudo haveria neste, em cada ser, a matéria, a forma e o composto que ambas constituem.

A estas perguntas, o que responderiam? Dirão que o que desempenha o papel da matéria nesse mundo é uma forma: que a alma, que é forma por si mesma, pode ser matéria em relação a outra coisa. Está

90. Cf. o significado de ἐκεῖ: lá é sempre "aquele mundo lá de cima" o mundo dos inteligíveis.

ela então potencialmente em relação com essa outra coisa? De modo nenhum, porque senão essa outra coisa seria a sua forma, mas como a forma não vem a ela depois, porque a possui no presente, só pela abstração racional se pode nela separar a matéria da forma. É matéria no sentido de que é pensada como matéria, como algo duplo, duas coisas numa só natureza. De modo semelhante, diz Aristóteles que o quinto corpo não tem matéria[91]. Que diremos, pois, da alma? Em potência é o animal, quando ainda não nasceu, mas vai nascer; e é potencialmente musical e todas as coisas que vêm a ser, mas não existem sempre. Assim no mundo inteligível há coisas que estão em potência. Mas a alma não é potência dessas coisas, potência de os produzir.

E como deve entender-se o ato nesse mundo? Lá cada uma das coisas está em ato tal como a estátua que é o composto, já que cada ser inteligível recebeu a sua forma? Ou antes, porque cada uma delas é forma e é perfeita no que é? A inteligência não passa de um estado potencial – consistindo em ser capaz de pensar – para o ato de pensar. Caso contrário suporia uma inteligência anterior que não passasse de potência ao ato, que possuísse tudo por si mesma. Porque o que está em potência exige a intervenção de outro princípio para levá-lo ao ato; e esse outro deve ser sempre idêntico a si mesmo, sempre em ato. Portanto todos os Primeiros Princípios estão em ato, porque possuem por si mesmos, e sempre, tudo o que devem ter. Esse é o estado da alma que não está na matéria, que se encontra no mundo inteligível. A alma que está na matéria é outro ato; é a alma vegetativa, por exemplo, porque é ato naquilo que é. Mas considerando que lá todas as coisas existem realmente desta maneira, deve-se admitir que tudo está em ato? E por que não? Não se disse já[92] que a natureza inteligível está sempre acordada, que ela é vida e a melhor das vidas, e que nesse mundo os atos são perfeitos? No mundo inteligível, portanto,

---

91. O que Aristóteles não disse, cf. *O céu* A 3, 270 B 1-3: "As razões pelas quais o primeiro corpo é eterno e não sujeito a aumento e diminuição, mas não envelhece, não se altera, nem se modifica [...]. E assim, considerando que o primeiro corpo é alguma coisa que está para além da terra, do fogo, do ar e da água, deram-lhe no mais alto grau um nome que lhe é próprio: éter – que vem de 'aquele que sempre flui' num tempo eterno" (21-24). Portanto Aristóteles não disse que o éter não tem matéria, mas algum comentador tirou daqui a inferência que Plotino adotou. Cf. tb. *Metafísica* H 4, 1044, B 7.

92. PLATÃO. *Timeu* (52b7): "[...] quando acordamos do nosso sonho somos incapazes de distinguir claramente a substância que não dorme e verdadeiramente subsiste [...]".

tudo está em ato e tudo é vida. O lugar dos inteligíveis é o lugar da vida, o princípio e a fonte da verdadeira vida e da inteligência.

4 Todos os outros seres que estão em potência em relação a algo são também em ato outra coisa; e o que realmente existe diz-se em ato em relação a outra. Quanto à matéria, que é potência em todos os seres, como poderia realmente estar em ato? Se estivesse, deixaria de ser a potência de todos os seres. Se a matéria não é nenhum dos seres, necessariamente não pode existir. Se fosse algum ser real, não poderia ser potencialmente todas as coisas. Não sendo nenhum dos seres que são gerados sobre ela, nada impede que seja outra coisa, uma vez que nem todos os seres estão na matéria. Se não é nenhum dos seres que estão nela, se estes são realmente seres, então a matéria é o não ser. Como ela é pensada como informe, não pode ser uma forma. Também não pode ser enumerada entre as formas do outro mundo. Então nem assim pode ser considerada um ser. Se de ambos os modos é não existente, menos ainda pode ser tida como ser. Sendo assim, se escapa à natureza das verdadeiras realidades, e nem sequer pode ser incluída entre os que falsamente são chamados seres – não é sequer uma imagem da razão – como é possível colocá-la em algum modo de ser? Se não é nada como existente, como pode ser algo em ato?

5 Como é que se pode dizer alguma coisa a respeito dela? Como é que é a matéria dos seres, ela que é os seres em potência? Mas como já é em potência, será que ela já é o que vai ser? O seu ser não é mais do que um anúncio daquilo que vai ser; é como se a sua existência fosse adiada. Portanto a sua existência potencial não é isto ou aquilo, mas tudo; e como não é nada em si mesma, a não ser só matéria, não existe de fato. Se fosse algo em ato, o que fosse não seria matéria, e a matéria já não seria de modo nenhum matéria; só seria matéria em sentido relativo, como o bronze. A matéria é, pois, o não ser, e não só no sentido de ser diferente da existência, como o movimento, que se refere ao ser, porque dele procede e nele se opera; mas a matéria está como que jogada fora do ser e totalmente separada dele, incapaz de se modificar, e continuando a ser o que sempre foi: o não ser. Desde o princípio, ela não era em ato nenhum ser, porque estava afastada de todos os seres, e não se tinha tornado nenhum deles, porque nunca pôde conservar sequer um reflexo dos seres de cujas formas aspirava revestir-se. Está sempre tendendo a ser outra coisa; onde cessam os seres inteligíveis aí está ela; possuída pelos seres que vêm depois dela, sempre fica no último lugar. Ocupada pelos dois gêneros de ser não está em ato a respeito de nenhum deles. Para ela foi reservado ser potencialmente uma débil e apagada imagem que não pode adquirir uma figura. Será então uma imagem em ato? Uma mentira em ato? É como dizer que ela é uma verdadeira mentira, um real não ser. Se é o não ser atual é o mais alto grau de não ser e, portanto, essencialmente não é ser; tendo se afastado do ser verdadeiro, pode ter o seu ser no não ser. Se tem que existir, que seja como real não ser. Se aos seres que existem falsamente se tira a falsidade, tira-se-lhes a substância; se se dá a atualidade a uma coisa que tinha em potência o ser e a essência, tira-se-lhe o princípio mesmo da realidade, que consistia em ser em potência. Para que a matéria continue sendo incorruptível, deve continuar a ser o que é: matéria. É preciso, como vimos, dizer que ela está só em potência para que seja o que é: ou então refutem-se todos esses argumentos.

SEXTO TRATADO
A qualidade e a forma*

1 O ser é coisa diferente da essência? Quando se diz o ser faz-se abstração dos outros? A substância é ser como as outras coisas – movimento, repouso, identidade, diferença? São estes os elementos da substância? O conjunto é a substância e cada um dos outros é o ser, ou o movimento, ou a outra coisa. Assim o movimento, que é ser por acidente, é, por acidente, substância? Ou é completamente substância? O movimento é substância porque todas as coisas inteligíveis são substância. Por que neste mundo inferior cada coisa não é substância? É que lá todas as coisas são uma só; aqui são distintas porque são imagens separadas. Numa semente todas as partes estão reunidas e aí cada uma é todas as outras, a mão não está separada da cabeça; mas num corpo, todos os órgãos estão separados, porque são imagens e não realidade verdadeira.

Diremos, pois, que no mundo inteligível as qualidades são diferenças essenciais no ser ou na essência, diferenças que fazem as substâncias distintas umas das outras e, portanto, as constituem como substâncias. Parece razoável afirmá-lo, contanto que se aplique só às qualidades do mundo sensível[93]. Umas são diferenças de essência, como bípede e quadrúpede, outras não são propriamente diferenças, e por isso mesmo são chamadas de qualidades[94]. Porém a mesma coisa pode parecer uma diferença quando é um complemento da substância, e não parecer uma diferença quando não é um complemento,

---

* Há vários títulos possíveis para este tratado: A qualidade e a forma (Περι ποιοτεετοσ καῶ ειδους) que é o que trazem Bréhier e MacKenna; A Substância e/ou a qualidade (Περι ουσιας εε περι ποιοτεετοσ) como fazem Armstrong, Schwyzer e Faggin; ou Essência e Qualidade, de J.M.Q.

93. Assim traduzem Bréhier e Faggin; ao contrário, Armstrong, MacKenna e J.M.Q. dizem: contanto que não se aplique ao mundo sensível; repare-se que o texto em grego é em todos igual ao de Schwyzer.

94. *Metafísica*. Delta, 14, 1020, A 33-B 3.

mas só um acidente. Assim a brancura é um complemento da substância no cisne[95] ou no alvaiade; em si é um acidente. A brancura que está no conceito definidor é um complemento da essência e não uma qualidade; se está na superfície, é qualitativa. É preciso distinguir duas espécies de qualidades: a qualidade essencial que é uma propriedade da substância, e a simples qualidade, que faz com que a substância seja de tal maneira; a qualidade simples não introduz nenhuma modificação na substância, não retira nada do que lhe é próprio; mas quando a substância já existe e está completa, essa qualidade posterior dá-lhe uma certa disposição externa e acrescenta-lhe algo, quer se trate de uma alma, quer de um corpo. Assim a brancura visível, que é um complemento da substância do alvaiade, não o é da do cisne, porque um cisne pode não ser branco. Será que a brancura é o complemento da substância do alvaiade do mesmo modo que o calor é o complemento da substância do fogo? Assim como a condição ígnea é a substância do fogo, a brancura é seu análogo como substância do alvaiade. Uma mesma coisa pode completar uma substância e não ser qualidade, ou não completar a substância e ser qualidade. Mas não seria razoável dizer que essas qualidades são diferentes conforme completam ou não as substâncias, porque a sua natureza é a mesma.

É preciso dizer que as razões que produzem essas coisas – como o calor ou a brancura – são totalmente substâncias; mas as qualidades substanciais produzidas são, nos seres inteligíveis, uma realidade, mas no mundo sensível passam a ser qualidades. Daqui resulta que sempre nos enganamos a respeito da realidade de um ser: quanto mais a procuramos mais nos afastamos dela, e chegamos à qualidade[96]. Por exemplo o fogo não é o que achamos que ele é quando nos fixamos nas suas qualidades; o fogo é uma substância, mas aquilo que nós vemos e ao qual nos referimos quando o definimos não é a sua realidade, mas só a qualidade. É um procedimento natural quando se trata de coisas sensíveis, que não são substâncias, mas afeções da substância. Mas levanta um problema que é o de saber como é que uma substância pode estar composta de não substâncias. Já disse-

---

95. Logo abaixo Plotino corrige: há cisnes que não são brancos; Bréhier corrige para neve (ξιῴον); Faggin traduz por neve, mas no texto grego deixa ficar cisne (κῴκνος); os demais mantêm cisne no grego e na tradução.

96. Carta Sétima, 343 C, 1-6.

mos[97] que as coisas sujeitas à geração não podem ser idênticas aos princípios de que provêm; mas é preciso acrescentar que não podem ser substâncias. Mas como pode dizer-se que a substância inteligível não provém de uma substância? É que no mundo inteligível a substância, que forma o ser mais puro e autêntico, é constituída de certo modo pelas diferenças do ser, ou melhor, pensamos que deve chamar-se substância considerando-a em seus atos. Ela parece ser uma perfeição, mas talvez seja menos perfeita; por essa adição dos atos e por não ser simples, ela se afasta do que lhe deu o ser.

2 Consideremos o que a qualidade é em sentido geral: conhecendo-a, dirimem-se as dúvidas. Em primeiro lugar é preciso admitir que uma mesma coisa às vezes é uma qualidade, e outras um complemento da substância. A qualidade é o complemento da substância, desta particular substância. Para que a substância seja esta substância é preciso que a substância e a sua realidade determinada existam antes que a substância seja esta. Mas então no fogo a substância é substância simplesmente antes de ser tal ou qual substância? Será o corpo? A categoria de substância será pois o corpo: o fogo é um corpo quente; mas o conjunto não é substância; o calor existe no corpo como em ti o nariz arrebitado. Portanto, abstração feita do calor, do brilho, da ligeireza, que bem parecem ser qualidades, fica uma extensão em três dimensões, e a matéria é a substância. Mas isso não é correto, pois a forma é que é a substância. Porém a forma é qualidade – ou é um princípio racional[98]. E o que é que resulta da combinação desse princípio com a matéria? Não é, no fogo, o que se vê e queima, que são qualidades. Talvez se diga que a combustão é uma atividade que provém do princípio formativo; mas haveria que dizer o mesmo do calor, e da brancura, e não saberíamos mais em que fazer consistir a qualidade.

Não devemos chamar qualidades às coisas que denominamos complementos da substância, porque são atos da substância, que provêm do princípio formativo e das potências substanciais. Qualidades são coisas que estão fora da substância, que umas vezes parecem ser qualida-

---

97. *Enéada* V, 2, 2 – pela ordem cronológica é [a]... Por isso o "já dissemos".

98. *Metafísica* Z 3, 1.029, A 16-19 e 29-30.

des e outras não, e que acrescentam à substância algo que não lhe é necessário, como as virtudes e os vícios, a feiura e a beleza, a saúde, a figura. O triângulo e o quadrado, em si mesmos não são qualidades; mas receber a forma triangular é qualidade; qualidade não é a triangularidade, mas a configuração triangular. Outro tanto pode dizer-se das artes e das profissões. Assim, a qualidade é uma disposição, quer seja adventícia, quer seja original, nas substâncias que já existem. Sem ela a substância não seria menor do que é. Há duas espécies de substâncias: as que são mutáveis e as que não são, conforme sejam transientes, ou permanentes.

3 A brancura que vejo em ti não é uma qualidade, mas um ato da potência de fazer branca alguma coisa. Naquele mundo todas as coisas que chamamos qualidades são atos. Damos a elas o nome de qualidades porque assim pensamos acerca delas, que se diferenciam umas das outras e cada uma tem suas características particulares. Em que se diferencia a qualidade no mundo inteligível da qualidade no mundo sensível, se ambas são atos? É que no mundo sensível a qualidade não indica a realidade de uma substância, nem a diferença entre as substâncias e suas características, mas só aquilo a que chamamos qualidade, que no mundo inteligível é um ato. Portanto, quando uma qualidade é propriedade de uma substância, é evidente que ela não é verdadeiramente uma qualidade; mas quando o pensamento separa os seres das suas propriedades sem lhes tirar nada, quando se limita a conceber e a gerar outra coisa diferente desses seres, produz a qualidade, que concebe como parte superficial da substância. Sendo assim, nada impede que o calor inerente ao fogo seja forma e atividade do fogo, e não sua qualidade; quando existe no sujeito em que já não constitui a figura da substância, mas só um vestígio, uma sombra, uma imagem da essência, porque se encontra separada da substância de que é o ato, então é uma qualidade. Qualidade é tudo aquilo que é acidente e não ato e forma da substância, que só nos dá a conhecer características. Assim são os hábitos e disposições; mas os arquétipos nos quais elas existiram antes são as atividades dessas realidades inteligíveis. Uma mesma coisa não pode ser qualidade umas vezes, e outras não. O que se pode separar da substância é a qualidade; o que lhe permanece unido é substância, ou forma, ou ato; nenhuma coisa pode ser a mesma quando está em si mesma, e quando está noutra e deixa assim de ser forma e ato. O que já não é forma, mas só acidente, é qualidade, e só qualidade.

SÉTIMO TRATADO
Sobre a fusão completa*

1 Vamos examinar agora a mistura na qual ocorre o que se chama "interpenetração total dos corpos". É possível que dois líquidos estejam misturados de tal maneira que penetrem um no outro completamente - ou só um deles penetra no outro? Não há diferença entre as duas hipóteses. Podemos deixar de lado a opinião dos que supõem que a mistura consiste na justaposição, porque esta é uma reunião e não uma mistura; nesta o conjunto é homogêneo de tal maneira que mesmo as menores partes estão compostas pelos elementos misturados.

Alguns peripatéticos pretendem que na mistura só as qualidades se mesclam, e as extensões materiais dos corpos apenas se justapõem, e as qualidades que vêm de cada um difundem-se por toda a massa. Esses parecem ter razão quando criticam a hipótese da mistura total: resultaria daí, dizem, que as grandezas das massas se subdividiriam em fragmentos, no caso de não haver nenhum intervalo entre as divisões de ambos os corpos, e a divisão prosseguisse continuamente até que cada um dos dois atravessasse o outro por completo. Além disso, a mistura muitas vezes ocupa um volume maior do que cada corpo em separado, e um volume equivalente ao da sua justaposição. Quanto ao caso em que os dois corpos não ocupam mais espaço do que um só, isso se explica porque de alguma forma o ar que estava num deles saiu e deu lugar ao outro corpo. E, finalmente, quando um corpo pequeno se mistura com outro maior, como é que ele pode estender-se para ocupar todo o outro? E apontam muitas outras questões[99].

* Cada tradutor resolveu interpretar à sua maneira o título Περῶ τεες δι ῴλον κρῦσεοος: a mistura em que há total penetração, da mistura completa; a verdadeira mistura que deve tornar o todo homogêneo; sobre a transfusão completa; mas o início do tratado deixa claro qual é o tema.

99. *Stoicorum* V. F. I, 102 e 471; II, 479. "Outros" a que se refere em seguida são os estoicos.

Outros, que defendem a ideia da compenetração total dos corpos misturados, responderão que tais corpos são divididos sem haver uma divisão tão contínua, que faça seus fragmentos se esvaírem. Com efeito o suor sai de todo o corpo humano, sem o dividir nem encher o corpo de buracos. Se alguém argumenta que a natureza pode ter dado ao nosso corpo uma disposição que permita ao suor sair facilmente, eles ainda poderiam argumentar que há objetos artificiais de textura muito fina, nos quais podemos ver o líquido ficar impregnando a lâmina e atravessar para o outro lado. Como pode ser isso, se tais objetos são corpos? Não é fácil entender como podem ser penetrados sem ser divididos; mas se se dividissem a esse ponto, destruir-se-iam um ao outro. Quanto ao argumento de seus adversários a respeito de não haver aumento de volume na mistura, respondem com a hipótese da saída do ar que um deles contém. No caso de aumento de volume do composto, o que os impede de afirmar que, como cada corpo traz consigo suas qualidades, e, entre elas, o tamanho, um aumento deve ocorrer necessariamente? Certamente o tamanho não é destruído na composição, nem as outras qualidades, e assim como o composto tem uma qualidade nova derivada da mistura, haveria uma magnitude nova produzida pela mistura das grandezas de cada um. Mas os da primeira tese replicam: já que a matéria de um corpo se justapõe à matéria do outro, e a sua massa, à qual está ligado o tamanho, à massa da outra, vós sustentais a nossa tese; mas se a matéria de um, com a grandeza que nela está inicialmente, penetrasse inteiramente a do outro, o fenômeno não seria comparável à justaposição de duas linhas colocadas uma na ponta da outra e se tocando nos extremos, o que produziria aumento de tamanho –mas a duas linhas coincidentes, e aí não haveria aumento.

Restam os casos em que o menor dos corpos, por menor que seja, penetra o maior, por maior que seja, e a mistura é aparente. Quando a mistura não é aparente, pode-se responder que o corpo menor não se estende por todas as partes do corpo maior; mas quando a mistura é aparente, é impossível; então pode-se dizer: vocês falam da extensão da massa de um corpo pequeno; mas é muito pouco provável que uma massa tão pequena se estenda a esse ponto; isso seria admitir que, sem mudar de natureza, as dimensões dessa massa aumentam a tal ponto que a água vira ar.

2 É conveniente dar uma atenção particular à questão: o que ocorre quando uma massa de água se muda em ar, e como aumenta de tamanho? Vamos continuar com os argumentos já indicados, embora cada lado tenha ainda muito que dizer. Procuremos, porém, o que nos parece sobre o problema, qual o ponto de vista mais de acordo com os argumentos apresentados, ou se há outros diferentes[100].

Quando a água flui através da lã, ou quando o papiro deixa ressumar a água que está nele, por que é que o líquido não passa todo através da folha? Se a água permanece nelas em parte, como é que podemos admitir que a matéria e a massa da água só tocam nas do papiro, e apenas as respectivas qualidades se mesclam? A água não somente se justapôs ao papel, nem se alojou só nos seus poros: é a folha toda que fica úmida, e em nenhum ponto a sua matéria está isenta dessa qualidade. Se todas as partes da matéria estão unidas à qualidade em todas as partes, haverá água no papiro. Dirão que não é a água, mas a qualidade da água; mas então onde ficou a água? E por que a massa do papiro não ficou a mesma? Foi a água que aumentou o volume do papiro ao juntar-se a ele. Mas se aumentou é porque a massa lhe foi acrescentada; porém, se foi acrescentada, não foi absorvida e, nesse caso, a massa da água e a massa do papiro devem ocupar lugares diferentes. Mas se um corpo dá uma qualidade a outro, ou dele a recebe, o que é que impede que a mesma coisa aconteça com a grandeza? Objeta-se que, se uma qualidade se junta a outra, ela não é mais o que ela era e enfraquece; mas quando uma grandeza se junta a outra grandeza ela não desaparece[101].

Diz-se que um corpo, ao penetrar noutro, o divide; essa afirmação deve examinar-se com cuidado, pois nós mesmos já afirmamos que as qualidades atravessam os corpos sem os cortar, porque são incorpóreas. Mas se a matéria é tão incorpórea como as qualidades, por que não haveriam algumas qualidades de penetrar, com a matéria, noutro corpo? Se os corpos não penetram em outros corpos é porque possuem qualidades incompatíveis com a de penetrar. Dir-se-á que muitas qualidades não podem penetrar com a matéria no corpo. Isso ocorreria se a multiplicidade de qualidades é que produzisse a densi-

100. Seguem-se os argumentos contra os estoicos.

101. Aqui começam os argumentos contra os aristotélicos.

dade. Mas se a densidade é uma qualidade, tal como a corporeidade, as qualidades constituirão um misto, não como qualidades, mas como determinadas qualidades; não é a matéria como matéria que não se mistura, mas a matéria enquanto associada a uma certa qualidade. Isso é tanto mais verdade quanto a matéria não tem uma magnitude própria, mas adquire-a se não rejeita receber um tamanho. Mas sobre este assunto já chega.

3 Uma vez que falamos da corporeidade, é preciso examinar se esta é um composto de todas as qualidades, ou se constitui uma forma, uma razão que produz os corpos unindo-se à matéria. Se o corpo é o composto de todas as qualidades reunidas com a matéria, esse conjunto de qualidades constitui a corporeidade. Se a corporeidade é uma razão que produz o corpo ao chegar-se à matéria, é claro que ela é um princípio formativo que inclui todas as qualidades. Esse princípio não é uma definição que declara a natureza da coisa, mas a razão que faz a coisa, e não deve conter nenhuma matéria. É uma razão que está na matéria, e que produz o corpo unindo-se a ela. O corpo é a matéria com a razão que nela está presente. Essa razão é uma forma sem matéria que pode ser considerada em separado, mesmo quando fosse completamente inseparável. A razão separada que reside na Inteligência é diferente da razão unida à matéria: ela é a própria Inteligência. Mas sobre isso falaremos noutro lugar[102].

---

102. *Enéada* V, 3, 3.

OITAVO TRATADO

A visão: por que os objetos distantes parecem pequenos*

1 Por que os objetos distantes parecem pequenos? Mesmo quando estão separados uns dos outros por grandes intervalos, parece que estão juntos quando os vemos de longe; e por que, quando estão perto, os vemos nos seus verdadeiros tamanhos e distâncias? Se os objetos parecem menores quando distantes é porque a luz precisa ser recolhida pelos olhos e adaptada ao tamanho da pupila; e quando a matéria do objeto visível está mais afastada, mais a forma se separa da matéria ao chegar à vista; e como o tamanho é uma qualidade, depende da forma. Talvez seja porque só percebemos o tamanho gradualmente, cada parte por sua vez, e, para que seja visto o objeto no seu conjunto, tem que estar perto. Ou será porque a grandeza é percebida por acidente e o que é primeiramente visto é a cor? Assim, se ele está perto, captamos o tamanho do objeto colorido, mas ao longe vê-se que é colorido, mas as partes não se distinguem, as cores ficam baças, e não se consegue apreciar corretamente a grandeza. Por que se admirar que os tamanhos enfraqueçam à medida que sua forma se debilita, se acontece a mesma coisa com os sons? Pois também o ouvido procura a forma que lhe é própria e só percebe a grandeza por acidente. Contudo, no que se refere ao ouvido, a magnitude é acidente; então, quando percebe a magnitude, procede tal como o tato, ao qual compete primariamente perceber o tamanho?[103] O ouvido percebe a magnitude, determinando não a quantidade, mas a intensidade dos sons; e essa intensidade não a percebe por acidente, porque é o seu próprio objeto, tal como o paladar não sente o gosto do doce por acidente.

A extensão própria do som é a sua área de difusão. Ora a intensidade do som indica a sua extensão por acidente, mas de modo inexato. Cada som possui a sua intensidade, mas ele se multiplica estenden-

---

* Bréhier e MacKenna omitem a primeira palavra do título – a visão.

103. Trata-se de saber se a magnitude (o tamanho, ou a grandeza) é ou não é corretamente percebida pelos sentidos; mas ao falar de um som volumoso, a palavra volumoso não é entendida em seu sentido primário, como é na percepção do volume pelo tato. Está em causa a possibilidade de comparação entre os sentidos.

do-se pela área que ocupa. Contudo as cores não diminuem, só ficam esbatidas, enquanto que os tamanhos diminuem. As cores e as grandezas têm uma característica comum, que é o poderem ser menos do que são: para a cor, o menos é esbatimento, para o tamanho, menos é diminuição. A grandeza unida à cor diminui proporcionalmente com esta. É o que se verifica quando se enxerga uma paisagem variada, como um monte com casas, árvores, e outras coisas, onde os detalhes ajudam a medir o conjunto. Mas quando o aspecto dos detalhes não salta à vista, já não é possível conhecer a extensão do conjunto medindo-a pelos detalhes que se observam. Mesmo no caso em que os objetos estão próximos e são variados, se os abrangemos com uma olhada só, sem distinguir todas as suas partes quantas mais a nossa vista perde, menores nos aparecem os objetos, mas se observamos os detalhes, medimos tudo com exatidão e conhecemos a magnitude. As magnitudes de uma cor uniforme enganam a vista porque esta não pode medir a sua extensão por partes, e se tenta fazê-lo perde-se por não saber onde se deter, porque não há diferenças entre as partes. Um objeto distante parece próximo porque a distância entre nós e esse objeto parece contrair-se; por isso o verdadeiro tamanho dos objetos próximos não nos escapa; mas, se a vista não pode alcançar os intervalos da distância, não vê as formas como realmente são e por isso não pode determinar qual é o seu tamanho.

2 Dizem alguns que os objetos distantes nos parecem menores porque os vemos desde um ângulo visual menor. Já demonstramos noutra passagem a falsidade de tal argumento; ao que acrescentamos: aquele que pretende que o objeto distante parece menor por ser percebido num ângulo menor, supõe que o resto do olho vê algo mais fora desse objeto, ou outro objeto, ou algo externo, como o ar. Suponhamos porém um objeto muito grande, como uma montanha, que ocupa todo o campo visual, não deixe ver mais nada além dele, ou porque exceda a extensão nos dois lados do olhar; neste caso, como se explica que o objeto pareça menor do que realmente é, ainda que cubra toda a extensão da visão? Basta olhar para o céu para se entender a verdade dessa afirmação. Não se pode ver todo o hemisfério com uma olhada só: o olhar não pode abranger um espaço tão grande. Nem que isso fosse possível – que o olhar abrangesse todo o hemisfério duma só vez – considerando que a magnitude do céu é muitas vezes mais vasta do que a sua magnitude aparente, como é que a diminuição do ângulo de visão pode causar a aparente pequenez dos objetos distantes?

NONO TRATADO
Contra os gnósticos*

1 Já demonstramos noutro lugar que a natureza do bem é uma natureza simples e primeira, porque toda coisa que não é primeira não pode ser simples[104]. Já demonstramos também que a natureza do Uno não contém nada em si porque é algo que é uno, que é a própria natureza do Uno; porque o Uno não é em si uma coisa que venha acrescentar-se à unidade, como tampouco o Bem é algo que venha acrescentar-se à Bondade. Portanto, quando falamos do Uno e quando falamos do Bem, falamos de uma natureza idêntica: não afirmamos nada acerca deles, apenas os designamos tanto quanto isso nos é possível. A essa natureza chamamos o Primeiro, com o que queremos dizer que é simplicíssimo, e absoluto porque não se compõe de partes – se o fosse, dependeria dos elementos de que seria formado. Também não está noutra coisa, como um atributo ou um sujeito, uma vez que tudo aquilo que está noutra coisa provém de outra coisa. Portanto se essa natureza não está noutra coisa nem provém de outra coisa, se não há nela nenhuma espécie de composição, nada lhe pode ser superior.

Portanto não devemos procurar outros princípios, mas depois do Primeiro considerar aquele que tem a primazia da Inteligência e, em seguida, a Alma. Essa é a ordem da natureza, que não permite admitir nem mais princípios, nem menos, no mundo inteligível. Se se admitem menos é porque se confunde a Alma com a Inteligência, ou a Inteligência com o Primeiro; contudo já demonstramos reiteradas vezes

---

* Bréhier e MacKenna têm outro título: contra aqueles que afirmam que o demiurgo (MK: o criador) do cosmo é mau e o próprio cosmo também é mau. A maior parte das críticas de Plotino aos gnósticos refere-se às doutrinas de Zostriano, autor de cuja vida pouco se sabe, e que lendariamente estava relacionado com Zoroastro, como Porfírio refere na biografia de Plotino. Mas grande parte dos textos desse autor, em grego, se perdeu, e de muitos dos que restaram só existe a tradução copta, pelo que nem sempre é possível dispor dos textos aos quais Plotino alude.

104. Enéada *V, 5, 13.*

que cada um deles é um princípio diferente. Falta examinar se se podem admitir mais e, em caso de se supor que há outros princípios além das três hipóstases, qual é a sua natureza.

O Princípio de todas as coisas, tal como o descrevemos, é o mais simples e o mais elevado que se pode encontrar. Dele não se pode dizer que uma coisa é a potência e outra coisa é o ato: seria ridículo querer aplicar a princípios imateriais em ato a distinção entre o ato e a potência; isso não se aplica nem aos Princípios que vêm depois do Primeiro; não se pode conceber a dualidade na Inteligência como se uma estivesse em repouso e outra estivesse em movimento. Como é que se pode conceber o repouso num princípio intelectual? Como distingui-la da sua ação? Por sua natureza a Inteligência é eterna e é um ato permanentemente igual a si mesmo. Elevar-se até à Inteligência e mover-se em torno dela é a função própria da Alma. Quanto à Razão que desce da Inteligência para a Alma e a faz intelectual não constitui uma natureza distinta da Alma e da Inteligência e intermédia entre ambas.

Também não convém admitir que haja várias Inteligências, dizendo que uma pensa, e a outra pensa o que a primeira pensa; porque pensar, e pensar que se pensa, são para o espírito duas coisas diferentes; não há nelas, contudo, mais do que uma só ação mental, que tem consciência dos seus atos. Seria ridículo supor que a verdadeira Inteligência não tenha essa consciência. Portanto a Inteligência que pensa, e a Inteligência que pensa que pensa são uma só; se não fosse assim haveria dois princípios, um dos quais teria o pensamento, e o outro teria a consciência do pensamento; o segundo certamente seria diferente do primeiro, mas não seria o princípio pensante. Se se responde que o pensamento e a consciência do pensamento só são duas coisas distintas no nosso pensamento acerca delas, está se abandonando a pluralidade das hipóstases. É preciso então perguntar se pode haver um intelecto que pense sem ter consciência de que pensa; se nós mesmos nos encontrássemos nesse estado, seríamos chamados de imbecis, pois temos capacidade de dirigir nossos atos e nossos processos mentais. Mas como a verdadeira Inteligência se pensa a si mesma nos seus pensamentos, e o Inteligível, longe de estar fora dela, é a própria Inteligência, quando pensa se possuir necessariamente vê-se a si mesma. Ora bem, quando se vê a si mesma não se vê ininteligente, mas inteligente. Assim, no primeiro ato do pensamento, a Inteligência tem pensamento e consciência do pensamento, e essas duas coisas são uma só; não há nela nenhuma dualidade, nem sequer de ordem lógica. Se a Inteligência pensa sempre o que ela é, há maneira de separar o pensamento e a consciência desse pensamento? O absurdo da doutrina que combatemos fica mais evidente ainda se se supõe que uma terceira Inteligência tem consciência de que a segunda Inteligência tem consciência do pensamento da primeira, e que não há motivo para não continuar esse raciocínio indefinidamente.

Por último, se se supõe que da Razão, que dimana da Inteligência, nasce na Alma universal outra Razão, de tal maneira que a primeira Razão constitui um princípio intermediário entre a Inteligência e a Alma, tira-se à Alma o poder de pensar, já que, em vez de receber a Razão da Inteligência, recebê-la-á de um princípio intermédio. Deste modo não teria mais do que uma imagem da Razão, em lugar de possuir a própria Razão; não conheceria a Inteligência, e não poderia pensar.

2 Portanto não há outros princípios nem nenhuma dessas suposições supérfluas e inaceitáveis; admitimos que nesse mundo há só uma Inteligência idêntica e imutável, que imita seu Pai tanto quanto pode. Quanto à nossa alma, uma parte dela permanece entre os inteligíveis, a outra desce até às coisas sensíveis, e outra está numa região intermédia entre o mundo sensível e o mundo inteligível[105]. Como a nossa alma é uma só substância em diversas potências umas vezes eleva-se ao mundo inteligível com a melhor parte de si mesma e do seu ser, e outras vezes a sua parte inferior deixa-se arrastar pela terra e arrasta consigo a

---

105. Nesta afirmação tanto se poderia entender a Alma do Mundo como a alma humana; fica assim evidente que muitas opiniões de Plotino sobre a πσιξώ são ambivalentes, e o que se diz da nossa alma pode dizer-se, com as devidas transposições, da Alma do mundo, e o inverso também é válido. Neste caso, como para nós, humanos, é óbvio que nossa alma se prende por um lado ao sensível, e por outro ao inteligível, está explicada a razão pela qual a Alma do Mundo tem duas "faces" muito distintas: uma pela qual recebe da Inteligência as razões ou princípios formativos do mundo material, e outra pela qual se volta para a matéria e "cria" o mundo sensível. Como neste caso ele parte de uma evidência humana para teorizar sobre o divino, é válido supor que a perspectiva, que ele recebeu de Platão, de que o mundo inferior se explica pelo superior não parte necessariamente de uma teoria prévia sobre o mundo superior, mas, ao contrário, de uma inferência que parte da observação do sensível para a suposição do inteligível, já que é a este que compete explicar o inferior. A inversão do caminho que a nossa mente segue para explicar o mundo na sua totalidade não é, pois, a priori, *mas motivada pela didática e pela convicção ontológica.*

parte intermédia – porque completamente e toda ela não é permitido que a nossa alma sucumba. Quando isso ocorre é porque a nossa alma já não mora na mais bela das regiões, onde a Alma que não é uma parte[106] e da qual não somos uma parte deu ao corpo do Todo as perfeições que este poderia receber. Ela o governa enquanto permanece tranquila, sem raciocinar, sem ter nada que corrigir: com a contemplação do mundo inteligível embeleza[107] o universo com admirável poder. Quanto mais se entrega à contemplação, mais poderosa e bela é: o que recebe do alto comunica-o ao mundo sensível, e ilumina-o porque ela mesma está sempre iluminada pela Inteligência.

3 Assim a Alma, iluminada como sempre está, ilumina por sua vez as coisas inferiores, que subsistem graças a ela, tal como as plantas se nutrem do orvalho, e que participam da vida, cada qual segundo a sua capacidade, do mesmo modo que um fogo que está no meio aquece os objetos à sua volta. Ora se é esse o efeito do fogo, que só tem uma potência limitada, ao passo que os seres inteligíveis têm potências sem medida, como seria possível que esses seres existissem sem que nada participasse deles? Cada um deles deve necessariamente comunicar algum grau de sua perfeição aos outros seres. O Bem já não seria o Bem, a Inteligência não seria a Inteligência e a Alma não seria o que é se após a primeira vida não houvesse uma segunda vida que dure tanto como a do Primeiro. É necessário, pois, que todas as coisas se sigam umas às outras, sempre geradas porque procedem umas das outras. Não foram geradas num momento dado; ao afirmar que são geradas, deve-se dizer: eram geradas, serão geradas. Também não serão destruídas, a não ser que estejam constituídas por elementos nos quais se possam dissolver. Os que não as contêm não perecerão. E se dizem que as coisas podem dissolver-se na matéria, por que não dizem então que a própria matéria pode dissolver-se? Mas se fos-

---

106. Passagem sujeita a múltiplas traduções, a começar pela alma, se se trata da nossa ou da do mundo.

107. καταкοσμουσα < καταкοσμώοо = arranjar, embelezar. A partir daqui, ao referir-se ao universo, Plotino vai preferir o termo *kosmos*, em vez de o Todó, que utilizava anteriormente (e ainda vai usar algumas vezes). Desse modo ressalta, contra os gnósticos, que o universo tem ordem e beleza, e não é mau como eles dizem. De fato κοσμος significa ordem e também beleza, como no verbo acima; lembre-se de que dessa palavra deriva o nosso cosmético, produto que embeleza.

se assim, por que seria necessário que viesse a existir? Dirão que a existência da matéria é uma consequência necessária da existência dos Princípios, e que tal necessidade continua agora. Se se deixa a matéria isolada do mundo inteligível, segue-se daí que os Princípios, em vez de estar em toda a parte, estarão cercados; e como isso não é possível, a matéria será sempre iluminada por eles.

4 Há quem diga que a Alma fez o mundo quando perdeu as asas[108], mas isso de modo nenhum a Alma do Todo pode padecer. Se alegam que fez o mundo após a sua queda, digam-nos a causa da queda. E quando caiu? Se desde toda a eternidade, pela mesma razão, deve persistir no erro para sempre[109]. Se é só desde há algum tempo, porque não se deu antes a sua queda? Nós julgamos que se a Alma fez o mundo não foi porque se inclinou para a matéria, mas por não se ter inclinado. Para inclinar-se deveria ter esquecido os inteligíveis; mas se os tivesse esquecido, como poderia ter feito o mundo? Qual seria a fonte da ação pela qual formou o mundo? Essa fonte não são as formas inteligíveis? Se se lembrou delas ao formar o mundo, não se inclinou. Mas se a sua lembrança era difusa, mais um motivo para ela se voltar para os inteligíveis, para aclarar a visão que tinha deles. Pois se conservava alguma recordação, esta a levaria de volta. Que proveito poderia achar que teria ao fazer o mundo? Seria ridículo pensar que fez o mundo para receber louvores, pois quem a julga assim atribui-lhe os sentimentos de um escultor daqui. Como poderia ela formar este cosmo se precisasse para isso de raciocinar, e não em virtude da sua própria natureza e poder? Quando é que vai destruí-lo? Se se

---

108. *Fedro* 246 C 2: "a alma quando é perfeita está provida de asas, caminha pelo espaço e governa todo o universo; ao perder as asas, porém, é arrastada até que se agarre a algo de sólido e passa a habitar neste corpo terrestre". Essa alegoria das asas continua no mesmo *Fedro* 248 A-D; apesar do início da passagem citada se referir à Alma que governa o universo e, portanto, Platão está falando da Alma do Mundo, o contexto e a continuação da alegoria mostram que se trata da alma humana. Contudo os gnósticos distorciam a interpretação para aplicar a doutrina platônica à sua opinião, e é essa distorção que Plotino combate. A questão seguinte, sobre a suposta queda da Alma, envolve a ideia de a Alma pecar ou degradar-se.

109. É o argumento que os teólogos cristãos passaram a utilizar para dizer que os demônios, que pecaram estando na eternidade, não podem arrepender-se e serão malditos para sempre. Em contra Orígenes, provável companheiro de Plotino nas aulas de Amônio Sacas, argumentava que a eternidade dos demônios não era perfeita e continha certa imagem de tempo e, portanto, a possibilidade de arrependimento dos demônios, pois no fim do mundo não poderia subsistir o mal nem o castigo.

arrependeu, por que espera? Se até agora não mudou de ideia não vai arrepender-se depois que com o tempo e o hábito se torne mais benévola com ele. Se espera as almas individuais, então elas já deveriam ter parado de nascer, porque já provaram os males deste mundo desde o primeiro nascimento e já deveriam ter renunciado a voltar.

Também não se deve dizer que o mundo foi malfeito porque nele acontecem muitas coisas ruins. E dizem que o classificam alto demais, como se tivesse que ser igual ao mundo inteligível e não apenas uma imagem dele. E que imagem mais bela poderia ser? Poderia alguma imagem do fogo celeste ser melhor do que a que há neste mundo? Que terra poderia ser melhor do que esta, depois da inteligível? Que esfera poderia ser mais exata, digna e ordenada, do que a esfera do cosmo, reflexo da ordem interior do mundo inteligível? E poderia haver um sol, depois do sol inteligível, superior a este que vemos?

5 O que espanta é que há pessoas que[110] tendo, como todos os homens, corpo, paixões, temores, e emoções fazem uma ideia tão alta do seu poder que se julgam capazes de chegar ao inteligível e, sem embargo, negar ao sol que ele seja mais puro de paixões e mais conforme à ordem, mais impassível, com uma sabedoria superior à que nós temos, nós que apenas chegamos ao mundo e encontramos tantos obstáculos para alcançar a verdade. Como não se admirar de que tais pessoas considerem a sua alma, assim como a dos homens mais desprezíveis, como imortais e divinas, mas neguem a imortalidade a todo o céu, a todos os astros que ele contém, mesmo estando estes compostos de elementos mais belos e puros do que nós, apresentando uma ordem, disposição e regularidade admiráveis - se queixam, tais pessoas, da desordem deste mundo? Para eles a alma imortal preferiu a pior região do mundo e deixou a boa para as almas mortais.

Não é também um absurdo essa outra alma que dizem ser composta de elementos? Como é que um composto pode ter essa vida? Uma mistura de elementos só produz o calor e o frio, o úmido e o seco, ou alguma das suas combinações. Por outro lado, como podia

---

110. Plotino refere-se aos gnósticos com repúdio, e alguns manuscritos ainda reforçam a sua atitude introduzindo um ἄλογον, o que equivaleria a dizer: "mas não é um absurdo? [...]"

essa alma inferior à Alma universal manter unidos os quatro elementos, se é composta por eles e portanto posterior a eles? Quanto ao fato de essa alma ser dotada de percepção, decisão e inúmeros atributos, que respondem eles?

Mas como eles desprezam a obra do demiurgo e esta terra, pretendem que para eles foi criada uma Nova Terra, para onde irão quando deixarem este mundo – e que essa é a Forma racional do cosmo. Contudo, que necessidade têm eles de habitar no paradigma do mundo que odeiam? E de onde vem esse paradigma? Segundo eles, foi formado quando seu autor se inclinou para as coisas aqui de baixo. O autor do paradigma estava preocupado em fazer um cosmo depois do mundo inteligível – mas para que o queria? E se o paradigma existia antes do cosmo, qual era a sua finalidade? Dizem que para salvar as almas. De que modo? Mas elas não se salvaram, portanto foi inútil. Se foi feito o paradigma depois deste mundo, tirando a matéria da forma, a experiência anterior das almas seria suficiente para salvá-las. Todavia, se as almas recolheram em si a forma do cosmo, que significa essa nova linguagem?

6 Que dizer das outras substâncias que introduzem no universo, dos exílios, dos marcos, dos arrependimentos?[111] Se com arrependimentos e exílios querem designar certos estados da alma, como aqueles em que se entregam ao arrependimento, e se por marcos se entendem as imagens dos seres inteligíveis que a alma contempla antes de contemplar os próprios inteligíveis, então inventaram um linguajar para fazer aparecer a sua escola; se imaginam semelhantes ficções é porque não compreenderam a antiga sabedoria dos gregos. Estes tinham falado antes deles, com clareza e simplicidade, da ascensão da caverna que eleva gradualmente à verdadeira visão[112]. Essas doutrinas foram em parte tiradas de Platão, e outras que inventaram para compor a sua própria filosofia foram encontrá-las fora da verdade. So-

---

111. Na doutrina de Zostriano, segundo o texto da tradução copta, os "grandes eternos que constituem o αεον de Barbêlô incluem, entre as realidades existentes" inferiores o arrependimento, o exílio, o antitípico auto-originado αεον, o arrependimento antitípico e o exílio antitípico, e ainda outros seres como anjos, poderes etc.

112. PLATÃO. *República*, VII, 514 A, s.

bre os juízos, os rios do Hades e as reencarnações também foram de Platão. A composição plural dos inteligíveis – o Ser, a Inteligência, que não é o demiurgo, e a Alma, são tiradas do *Timeu*, que diz: "aquele que tudo fez pensou que tinha que conter todas as formas do mundo, tal como a Inteligência vê as ideias que estão no Ser vivo em si[113]. Mas entendendo mal a Platão, os gnósticos imaginaram aqui três Princípios: uma Inteligência em repouso que contém todas as substâncias, uma segunda Inteligência que os contempla na primeira, e uma terceira Inteligência que pensa discursivamente. Frequentemente consideram essa Inteligência discursiva como a Alma criadora, e creem que é o demiurgo de que fala Platão, porque ignoram completamente o que é o demiurgo. Em geral falseiam a doutrina de Platão acerca da formação do mundo e de outras coisas, degradando os ensinamentos desse grande homem como se só eles tivessem entendido a natureza do inteligível, e ele e tantos outros homens abençoados não a tivessem alcançado. Dando nome a uma multidão de realidades inteligíveis julgam que vão ser tidos como tendo um conhecimento verdadeiro, quando, precisamente por essa multidão, trazem a natureza inteligível para próximo do mundo sensível e inferior; é preciso, ao contrário, reduzir ao menor número os seres inteligíveis e atribuir tudo à Inteligência, a realidade que vem depois do Primeiro; ela é a substância e tudo o que há de belo depois do Primeiro; depois vem a Alma. As diversas espécies de almas devem explicar-se pelas suas paixões e naturezas. E não ofendamos esses homens divinos: ao contrário, devemos receber as ideias deles com boa vontade porque é a sabedoria dos antigos, aceitando o que dizem acerca do bem, da imortalidade da alma, do mundo inteligível, do Deus Primeiro, da necessidade da alma não ceder ao corpo, e da separação de um e outro, saindo do mundo da geração para o da essência. Tudo isso se encontra em Platão e fazem bem em repeti-lo. Se se afastam dele, são livres de dizer o que quiserem. Mas não somos hostis ao afirmar que não é com injúrias e sarcasmos dirigidos contra os gregos que devem estabelecer sua dou-

---

113. *Timeu* 39E, 7-9. A frase tal como a cita Plotino é bastante diferente da que consta nas edições do Timeu da coleção Loeb (org. R.G. Bury) e da Les Belles Lettres (trad. Rivaud), mas o sentido é praticamente o mesmo; se seguíssemos essas edições, a tradução poderia ser esta: "Na mesma medida em que a Inteligência percebe as formas compreendidas no Ser vivo, sabe quais são e em que número, ele (o Demiurgo, o deus) pensou que este mundo devia igualmente conter os mesmos e no mesmo número".

trina, antes demonstrando a correção das suas ideias, quando elas diferem das dos antigos; e isso deve ser exposto com a tolerância própria dos filósofos; e devem explicar com clareza as opiniões alheias, procurando a verdade, e não deturpando-as para se fazer valer, atacando homens cujas opiniões são de há muito aprovadas por gente de reconhecido valor, pretendendo ser mais do que estes; as doutrinas dos antigos sobre o mundo inteligível são muito melhores do que as deles; são sábias, feitas para educar, e fáceis de reconhecer por aqueles que não se deixam seduzir pelos erros tão difundidos entre os homens. Os sedutores aproveitaram muitas coisas das doutrinas antigas, mas introduzindo nelas ideias inadequadas. Para contradizer as doutrinas dos outros, acrescentam um grande número de gerações e destruições, reprovam este universo, consideram com desprezo a união da alma com o corpo, censuram aquele que governa o Todo, identificam o demiurgo com a Alma, e atribuem a esta as mesmas afeções que têm as almas individuais.

7 Já noutro lugar demonstramos que este mundo não teve começo nem terá fim, e que deve durar sempre[114] como os inteligíveis. Que a união do corpo e da alma não é boa para a alma, já se disse antes deles[115]. Mas avaliar a Alma universal pela nossa é fazer como um homem que censurasse o conjunto de uma cidade bem governada examinando dela apenas as associações de oleiros e ferreiros. Deve-se considerar que diferença há entre elas, e como a Alma governa o corpo do mundo, pois não está presa a ele. Entre as muitas diferenças já enumeradas[116], a primeira a notar é que para nós o corpo se tornou uma relação. Na Alma do Mundo a natureza que está ligada ao corpo reúne em si tudo o

---

114. *Enéada* II, 9, 3. Diz Bréhier na sua nota a esta frase (Bréhier, 119, n. 1) e na "Notice" introdutória ao primeiro tratado desta II *Enéada* que este é o ponto fundamental que na cosmologia diferencia o helenismo cristão do greco-romano tradicional, pois, diz ele, implica consequências discrepantes acerca do destino humano e da Providência divina. Contudo diversos intérpretes (Faggin, J.M.Q., MacKenna) usam o termo "criação" e "criador" para traduzir as palavras de Plotino, ignorando que estes são termos específicos para distinguir a teologia judaico-cristã da clássica pagã; Plotino nunca poderia usar um termo que ele soubesse ser equivalente a "criar do nada".

115. PLATÃO. *Leis*, 828 D, 4-5: "eles" são, é claro, os gnósticos, que Plotino não designa por esse nome.

116. PLATÃO. *Fedon*, 67 c,d. Nessa passagem Platão fala da purificação da alma, de como ela deve afastar-se daquilo que a prende ao corpo para ficar "desatada dos laços que a aprisionam".

que compreende[117]. A Alma não está presa às coisas que domina; ela não sofre a sua ação, nem deste mundo do qual nós não somos senhores. Além disso a parte da Alma que se eleva até ao mundo inteligível permanece pura e independente; mesmo aquela que comunica a vida ao corpo do mundo nada recebe dele. Em geral o que está noutro ser participa necessariamente do estado desse ser; mas um princípio que tem vida própria não poderia receber nada alheio. Por exemplo, quando se faz um enxerto numa planta, esta não sofre a ação do ramo enxertado, pois tem vida própria, mas este recebe influência de tudo o que se passa na planta em que foi colocado. Se o fogo que está em ti se extingue, o fogo universal não sofre com isso; mas se este se extinguisse, a Alma não seria afetada, mas apenas a estrutura do corpo do mundo. Se fosse possível existir um mundo composto só dos outros três elementos, isso para a Alma não seria relevante, porque a estrutura não é a mesma no cosmo e em cada ser vivo. Ao mundo superior a Alma impõe estabilidade; no inferior as partes parecem escapar de seus lugares e precisam de reforço na sua união. Mas tudo o que está no universo não tem para onde fugir. Portanto não é necessário que a Alma as contenha interiormente, ou que as segure do lado de fora, fazendo-as convergir para o centro, porque a natureza permanece onde a Alma a colocou na sua origem. Se é próprio de um corpo mover-se segundo a sua natureza, aquele que não pode mover-se sofre com isso; os que conseguem mover-se fazem-no ordenadamente. Aqueles que não logram conformar-se à ordem universal perecem, tal como a tartaruga que estivesse no meio de um coro de dançarinos: seria pisoteada se não escapasse aos passos ordenados dos dançarinos, mas não sofreria nenhum mal se se conformasse a essa ordem.

8 Perguntar, como eles fazem, por que é que foi feito o cosmo equivale a perguntar por que é que existe a Alma e por que o Demiurgo o fez; antes de mais nada, significa admitir um começo para aquilo que sempre existiu, e que o Demiurgo só chegou a ser a causa geradora da sua obra por ter sofrido mudanças. É preciso ensinar-lhes, se aceitam

---

117. PLATÃO. *Timeu*, 36d9-e1: "Quando toda a construção da Alma se realizou conforme a determinação do seu autor, ele estendeu à Alma tudo o que é corporal, fazendo coincidir o meio do corpo com o meio da Alma, e os pôs de harmonia".

ouvir-nos de boa vontade, qual é a natureza desses princípios inteligíveis, para que, de uma vez, deixem de acusar, como costumam, seres veneráveis, e para que falem deles com respeito. Com efeito ninguém tem direito a censurar a disposição do mundo que revela a grandeza da natureza inteligível. Se o mundo chegou à existência sem ter uma vida obscura, como os pequenos animais que encerra, e que a fecundidade da vida universal não para de gerar dia e noite, se o mundo possui uma vida complexa, límpida, múltipla, dispersa por toda a parte, que manifesta uma sabedoria inexaurível, como não reconhecer que ele é uma formosa e brilhante estátua dos deuses inteligíveis?[118] Se este mundo não é igual ao modelo inteligível que imita, é natural que assim seja, pois se não fosse assim não seria uma imitação. Está errado supor que o mundo imita mal o seu modelo: não lhe falta nada do que podia conter uma imagem bela e natural. É necessário que essa imagem exista e que não seja obra de raciocínio nem de habilidades[119]. O inteligível não pode ser o termo final da realidade; ele deve agir de dois modos – em si e fora de si. É preciso, pois, que haja alguma coisa depois dele, senão ele seria a mais impotente de todas as coisas. Mas ele possui um poder admirável e, portanto, tinha que agir.

Se é possível que haja um cosmo melhor do que o presente, qual é ele? Se essa existência é necessária e não há outro, é este que oferece a imagem fiel do inteligível. A terra está inteiramente povoada de seres animados e de imortais: daqui até ao céu está tudo cheio. Os astros que estão na esfera mais elevada ou nas esferas inferiores não são deuses, eles que têm um movimento regular e executam em redor do cosmo um circuito bem ordenado. O que os impediria de ser virtuosos? Lá onde estão não se encontra o que torna as coisas ruins, não há a defeituosa corporeidade que perturba e é perturbada. E na sua tranquilidade por que não haveriam de sempre compreender e aco-

---

118. PLATÃO. *Timeu*, 37c, 6-7: "Ora quando o Pai que o tinha gerado compreendeu que ele se movia e vivia, este mundo, imagem nata dos deuses imortais, ele se alegrou, e no seu contentamento refletiu sobre os modos de torná-lo ainda mais semelhante ao seu modelo"; inexaurível é αμώεξανον, que mais geralmente se traduz por incapaz ou impotente, mas que já em Platão, no *Fédon* (III d), aparece com o sentido de extraordinário e que na Enéada V, 3, 16, 2 tem o sentido de inesgotável ou imponente.

119. Plotino insiste em todos os tratados que o mundo não é obra da vontade nem de previsão ou providência divina, mas resultado de ato espontâneo, que flui naturalmente da substância divina.

lher em seu espírito ao Deus e aos outros divinos inteligíveis? Como poderíamos nós ter uma sabedoria superior à deles? Só um tonto poderia dizer uma coisa dessas. Se as almas desceram para aqui porque a isso foram constrangidas pela Alma do Todo como poderiam ser superiores aos astros quando sofrem tal coação? Porque entre as almas a melhor é a que domina. Mas se as almas vieram aqui voluntariamente porque vos queixais, se para aqui viestes livremente e daqui podereis ir embora se não vos agrada? Mas se o Todo é tal que, vivendo aqui embaixo, é possível adquirir sabedoria e levar uma vida conforme com a superior, como não ver nisso um testemunho de que tudo neste mundo depende das realidades que estão lá em cima?

9 Queixam-se eles da riqueza e da pobreza e da desigualdade na distribuição dos bens entre os homens; mas deve-se primeiro dizer que o homem sensato não procura a igualdade nessas coisas, pois não faz caso das pessoas ricas nem considera os políticos influentes superiores ao povo, e deixa para outros essas avaliações; ele sabe que há duas direções na vida, a dos sábios e a das pessoas comuns; a dos sábios é orientada para o que é superior; a dos homens comuns divide-se em duas: numa ainda se lembram da virtude e têm parte no bem, a outra é a da multidão desprezível dos trabalhadores manuais cuja finalidade é produzir aquilo de que precisam os mais capazes[120]. Se um homem comete homicídio, ou se tem a debilidade de entregar-se aos prazeres, não nos devemos admirar: esses pecados[121] não vêm da inteli-

120. επιειχεστῶροις - os mais razoáveis, as classes mais educadas; cf. Aristóteles, Política, 1452 b 34. Plotino demonstra muito pouca sensibilidade para questões políticas ou sociais nos termos em que as entendemos, ou mesmo como as entenderam Aristóteles e os estoicos. Para ele a sociedade só interessa enquanto apresenta classes sociais que se classificam pela virtude e sabedoria; e para ele é evidente que quem tem que viver do trabalho manual não tem condições de viver uma vida virtuosa e sábia. Os dois milênios da presença cristã no Ocidente não foram suficientes para erradicar do seu seio esse preconceito herdado da aristocracia bem-pensante greco-romana.

121. αμαρτῶα, geralmente traduzido por falta, culpa, erro, evitando o termo pecado porque este tem conotações de teologia cristã; mas, apesar da Teologia de cada religião ter seu modo peculiar de encarar o mal moral, não se pode dizer que a ideia de pecado que, mesmo no cristianismo, tem aspectos muito variados, não exista noutras religiões. A transgressão moral culposa parece ser mesmo aquilo que Plotino tem em mente, e deve-se concordar com Armstrong, que traduziu por σιν; mesmo que Plotino diga que o pecado é próprio de almas infantis, e de pessoas rudes, essa circunstância atenua a culpa, mas não a tira; e o cristianismo do tempo dele também aproximava a sabedoria moral e virtuosa da santidade.

gência, mas de almas fracas como as das crianças. Se há luta, vencedores e vencidos, por que não estão as coisas bem nessa ordem? Se sofres injustiça, que te importa, se és imortal? Se alguém te mata, é o que desejavas. Se te queixas deste mundo, não te obrigaram a ser dele um cidadão.

Eles reconhecem que aqui embaixo há justiça e há castigos. Ora certamente não se pode criticar uma cidade que dá a cada um o que merece, onde a virtude é premiada e o vício castigado, onde não há apenas representações dos deuses, mas onde os próprios deuses nos olham lá de cima, sem merecer de nós nenhuma censura, como reconhecemos; de fato, dirigem eles a ordem do princípio ao fim, e concedem a cada ser humano o destino que lhe convém de acordo com suas existências anteriores; quem desconhece essas coisas está numa insolente ignorância a respeito do que é divino.

É necessário esforçar-se para ser sempre melhor, mas será um erro se alguém julgar que é o único que pode consegui-lo. Há outros homens que também são bons, e há espíritos celestiais excelentes; mais ainda, há deuses que, embora habitando este universo, contemplam o mundo superior e são melhores do que os espíritos. Por último, e acima de todos, está a Alma bem-aventurada que governa o universo. Honra, pois, os deuses inteligíveis e, acima de todos, o grande rei do mundo inteligível[122] cuja grandeza se manifesta sobretudo na multidão dos deuses. O conhecimento do poder divino não se mostra reduzindo todas estas coisas à unidade, mas explicando a sua grandeza, produzida pelo próprio Deus, porque esta manifesta o seu poder quando, sem deixar de ser o que é, produz muitos deuses que dependem dele, que são dele e por ele. Por isso o cosmo recebe dele a existência, e se volta para ele, todo ele com cada um dos deuses que revelam aos homens a vontade divina e o que lhe agrada. É da natureza do mundo superior que os deuses não sejam como ele é; mas se pretendes desprezá-los e considerar que não és inferior a eles, aprende primeiro que o melhor é sempre o mais benévolo para com todos os seres e com os homens; além disso,

---

122. PLATÃO. *Fedro*, 246 e: εφ ἳηῦπασι δώ ὤεδεε τῷν μῶγαν τῷν εχεῶ βασιλῶα. A passagem completa do *Fedro* diz: "o grande chefe no céu é Zeus, que, conduzindo um carro alado, avança em primeiro lugar, ordenando tudo, e de tudo cuidando. Segue-se a ele o exército dos deuses e divindades [...]". A explicação seguinte, considerando Zeus como o Grande Rei de uma multidão de deuses, é tida por Bréhier como uma crítica de Plotino ao monoteísmo cristão.

ninguém deve pensar na sua própria dignidade a não ser com medida, sem insolência, nem pretender elevar-se mais do que pode a natureza humana, nem crer que não haja lugar perto da divindade para todos os outros homens, nem sonhar com que só um pode aspirar a isso, e desse modo privar a alma da capacidade de chegar a ser semelhante a Deus na medida em que isso for possível, ou seja, tanto quanto a Inteligência nos conduz, pois quem de nós quiser ultrapassá-la cai fora dela. Os homens insensatos deixam-se persuadir pelo som destas palavras: "com a iniciação serás superior a todos, não só aos homens, mas até aos deuses"; eles ficam cheios de orgulho, e aquele que antes era modesto, simples, humilde fica todo arrogante quando lhe dizem: "és filho de Deus – os outros homens, que veneravas, não são filhos dele, e também não o são os astros cujo culto foi professado pelos antigos. Sem fazeres esforço tu és melhor do que o próprio céu". E os outros aplaudem. É como se um homem que não sabe contar, estando no meio de outros que também não sabem, escutasse alguém dizer que ele tem mil côvados e que os demais só têm cinco: não saberia o que isso quer dizer, mas considerar-se-ia muito grande.

Outra questão é: se admitem que Deus se ocupa dos homens, como podem pretender que Ele não cuida do cosmo que contém em si esses homens? E se não olha o que está fora dele, também não olha pelos homens. Mas se olha pelos homens, por que não haveria também de olhar o cosmo? Se não olha fora de Si e não cuida do cosmo, tampouco cuida dos homens. E será que os homens precisam? O cosmo, porém, precisa dele. Deus conhece-lhe a ordem, os homens que nele se encontram e qual o estado deles; os que Deus ama suportam com ânimo leve tudo o que é resultado do curso do cosmo, quando lhes acontece algum acidente que é dele consequência necessária. É preciso considerar o que diz respeito a todo o cosmo, e não o que é de um só; honrar cada um com respeito a seu mérito, aspirar sempre àquele ao qual aspiram todos os que disso são capazes. Muitos seres tendem a essa meta e, ao alcançá-la, são felizes; os outros, conforme suas capacidades, atingem o destino que lhes é adequado. Portanto nenhum homem deve crer que só ele é capaz de chegar à felicidade. Para possuir um bem não basta afirmar que se possui; muitos que sabem que não têm um bem se vangloriam de tê-lo, e não o têm, como se só eles o possuíssem, quando são os únicos que não o têm.

10 Se examinarmos muitas outras, ou mesmo todas, as afirmações deles, poderíamos ter muito assunto para avaliar as suas doutrinas. Mas fico um pouco constrangido diante de alguns dos nossos amigos que, estando imbuídos destas opiniões antes de se juntar a nós, não sei por que permanecem nelas. Mas eles se esforçam por provar que tais ideias merecem plena confiança, e falam convencidos de que tais doutrinas têm fundamento, e por isso dizem o que dizem. E já que não há maneira de convencê-los, dirijo-me agora não aos outros, mas aos que são meus discípulos para que não se deixem enredar – não das argumentações que eles trazem (será que existem?) –, mas pela arrogância deles. Teríamos que escrever de outra maneira se se quisesse argumentar contra essas gentes tão atrevidas que troçam dos homens divinos e de suas doutrinas antigas, e que são tão conformes à verdade. Mas não empregamos esse modo de discussão porque aqueles que compreendem bem o que acabamos de dizer poderão daqui julgar o resto. Também não vamos discutir outra opinião que é mais absurda ainda do que as outras, se é que de absurdo se trata e não pior. A alma, dizem, inclinou-se para as coisas daqui de baixo, e com ela uma tal sabedoria, ou porque a alma se inclinou primeiro, ou porque a isso a arrastou a sabedoria, ou porque uma e outra são a mesma coisa; dizem assim que as almas desceram junto e que os membros da sabedoria entraram nos corpos, talvez de homens. Mas a Alma, por causa da qual desceram para aqui as outras almas, não desceu, e não se inclinou, mas só ilumina as trevas. Daí nasceu uma imagem na matéria. Fantasiam então uma imagem da imagem, que se formou por meio da matéria ou da materialidade, ou de um princípio que eles qualificam com outro dos muitos nomes que usam, e com que tornam obscura a sua doutrina. E assim fazem surgir o seu demiurgo e contam que ele se afastou da sua mãe, e fazem com que dele proceda o cosmo até ao último reflexo do reflexo. Quem escreve tais coisas faz uma sátira amarga.

11 Antes de mais, se a Alma não desceu, se só iluminou as trevas, como se pode na verdade dizer que ela se inclinou? Com efeito, se dela fluiu uma espécie de luz, isso não é razão para dizer que ela se inclinou, a não ser que se admita que havia algo interior do qual ela se aproximou com um movimento local, e que, ao chegar a essa coisa, a iluminou. Se, pelo contrário, a iluminou enquanto permanecia em si mesma, sem fazer nada para isso, por que só ela iluminou as trevas, e não o fizeram os seres mais poderosos? Dizem que só poderia ter iluminado o cosmo depois de ter recebido a Razão, e em virtude dessa Razão; mas então por que não fez o cosmo ao mesmo tempo em que iluminava, e esperou a geração das imagens? Esse "pensamento do cosmo", essa "terra estrangeira" como eles lhe chamam, produzida segundo eles pelos poderes superiores, não forçou os seus autores a inclinar-se. E por que a matéria iluminada produz imagens animadas e não naturezas corpóreas? Uma imagem da Alma não tem necessidade nem de trevas, nem de matéria; mas quando for produzida, e enquanto produzida, acompanha seu autor e permanece com ele.

Mas é ela uma substância ou, como dizem, um pensamento? Se é uma substância, em que é que difere do ser do qual deriva? Se é outra espécie de alma, será vegetativa e geradora, porque seu princípio é racional; este, porém, como poderia ter produzido para ser glorificado? Como poderia ter produzido algo por orgulho ou por audácia? Menos ainda se deve dizer que agiu em virtude da fantasia, ou de uma concepção racional. Por que motivo agiria usando matéria e imagem? Se é só um pensamento, explique-se primeiro de onde vem esse nome, e depois como é que um pensamento pode produzir, a não ser que lhe seja concedido esse poder. Mas como pode esse poder residir num ser imaginário? Eles respondem que esse é o seu primeiro, e que depois outros foram produzidos, mas dizem-no de modo arbitrário. Aliás por que o fogo haveria de ser o primeiro ser?[123]

12 E como, apenas formado, se atreve a agir? Lembrando-se daquilo que viu. Mas antes não existia, não podia conhecer nada, nem sequer a mãe que lhe atribuem. Não é de admirar que, dentre eles, que não são reflexos da alma, mas almas de verdade, que desceram ao cosmo, apenas um ou dois consigam com dificuldade desprender-se do mundo sensível e, recolhendo suas reminiscências, alcançam recordar-se das coisas que lá tinham visto – ao passo que esse reflexo, apenas nasceu, já tinha um pensamento, mesmo fraco, como dizem, dos seres inteligíveis. E que sua mãe, que é um reflexo material, não somente tenha esses mesmos pensamentos, tenha trazido do cosmo inteligível a ideia do cosmo sensível, mas saiba até de que deve ser formado? Por que produzir em primeiro lugar o fogo? Só porque pensou que era por ele que devia começar? Mas por que não por outro? Se

---

123. Cf. a mesma pergunta no capítulo seguinte.

era capaz de produzir o fogo pensando, por que, tendo a concepção do cosmo – já que devia antes de mais ter a concepção do conjunto –, não o produziu todo de uma vez? Pois as ideias das outras coisas estavam também no seu pensamento. O Todo é produzido de modo natural, mas não como os artistas fazem; as artes são posteriores à natureza e ao cosmo. Mesmo hoje não vemos que, em cada uma das coisas que são geradas pelas potências naturais, seja em primeiro lugar produzido o fogo, depois as outras partes, e que no fim as misturam; mas a configuração e organização do animal todo já está completa no embrião no ventre da mãe[124]. E por que, também no caso da formação do cosmo, não se configura dele um esboço na matéria, no qual estejam compreendidos a terra, o fogo e os outros? Será que esses teriam feito o cosmo como se tivessem uma alma mais verdadeira, enquanto o próprio autor não teria sabido construí-lo? Para poder prever a grandeza do céu, ou melhor, a sua exata medida, a obliquidade do zodíaco, o movimento dos que estão sob o céu, a forma da terra e compreender os fundamentos de todas essas coisas, não basta uma imagem, mas é preciso um poder nascido dos seres perfeitos; eles mesmos o reconhecem, embora de mau grado. Se de fato se examina com atenção essa "iluminação das trevas", serão conhecidos os verdadeiros princípios do cosmo. Por que teria que iluminar, se não fosse necessário? A necessidade seria ou contra, ou a favor da natureza. Se fosse conforme à natureza, sempre existiu; se fosse contrária à natureza deveria haver também lá no alto algo contrário à natureza; mas os males são anteriores ao cosmo, e o cosmo não é causa dos males, mas o outro mundo; então o mal não provém do mundo para a Alma, mas a Alma seria o princípio do mal para o mundo; e assim raciocinando se chegará do mundo aos primeiros princípios. E se for assim, assim será também com a matéria na qual teve origem. De fato, a Alma, olhando para baixo – dizem eles – viu a escuridão, e a iluminou. Se já existiam as trevas, de onde vieram? Se, como eles dizem, a Alma as produziu olhan-

124. επῶ τοῶς καταμεενῶοις – a expressão significa diretamente: menstruação, ou a ela relativo; assim se encontra nos Aforismos de hipócrates: "as doenças [...] que não se curam quando as moças atingem a idade da menstruação (etc.) (3, 28)" e da mesma forma em Aristóteles, na Geração dos animais (727 a 18), que Liddell e Scott citam a par com essa passagem das Enéadas. Mas aqui, ao contrário de Hipócrates e de Aristóteles, Plotino está se referindo ao que fica no ventre da mulher, e não ao que dela sai, que é o sentido imediato de καταμεενῶοις. É interessante esse modo de ver de Plotino, porque presta atenção à ação feminina na geração do animal, atenção que geralmente só se prestava à função do sêmen masculino – já que καμεενῶοις = embrião que a mãe carrega, e não o sangue que ela perde sem conceber.

do para baixo, ela não tinha para onde inclinar-se, e a causa da inclinação da Alma não são as trevas, mas a própria natureza da Alma. Ou, o que é o mesmo, a causa será a necessidade precedente; e assim a causa recai nos seres primeiros.

13 Aqueles, pois, que se queixam da natureza do cosmo não sabem o que estão fazendo nem até onde alcança a sua petulância. Isso acontece porque eles ignoram a ordem das coisas - unindo a primeira à segunda, e à terceira e assim até à última - e que, em lugar de criticar o que é inferior aos primeiros, deve-se aceitar benevolamente a natureza de todos os seres e elevar-se até aos Princípios, deixando de lado a tragédia dos terríveis acontecimentos que, segundo eles, sucedem nas esferas do cosmo, que só lhes trazem influências benéficas. O que é que há lá de tão terrível, o que é que tanto temem os homens que não sabem raciocinar nem são instruídos numa ciência equilibrada? Se de fato os corpos das esferas são de fogo, nem por isso nos devem causar temor porque estão em harmonia com o universo e com a terra; além disso, devemos prestar atenção às suas almas que até os nossos adversários julgam ser preciosas.

Quanto aos seus corpos, que tanto se distinguem por tamanho e beleza, cooperam e colaboram para produzir as coisas conforme à ordem da natureza, porque essas coisas não poderiam nascer se existissem só os Primeiros Princípios[125]. Os astros completam o universo e são parte importante do Todo.

Se os homens são superiores aos animais, maior superioridade têm esses astros que estão no universo para embelezá-lo e fazer que

---

125. ηῦ ουκ ῦν ου γῶνοιτῴ ποτε ὥστι ῦν ὤει τῦ πρῷοτα: a nossa tradução concorda com J.M.Q., mas há muitas outras possíveis, como - "que não poderiam nascer sem (ou se não fossem) as Primeiras Causas" (Faggin, Bréhier); "que não poderiam deixar de acontecer (ou de existir) enquanto os Primeiros Princípios existirem" (Armstrong, MacKenna). Ambas as versões, e suas variantes, se pressupõem ou sugerem uma intervenção ou ação direta dos Primeiros Princípios no cosmo, seriam heresias graves na doutrina de Plotino; é claro que, como Plotino é muitas vezes pouco exato, ou mesmo ambíguo, e tem uma sintaxe e semântica peculiares, poderia estar simplesmente dizendo que: "sem os Primeiros Princípios o mundo não funciona" e que portanto não há que acreditar muito no poder dos astros; mesmo assim a nossa tradução nos parece, dentre as possíveis, a que deixa menos lugar a interpretações duvidosas.

nele reine a ordem e não para exercer sobre esse cosmo uma influência tirânica. Quanto aos acontecimentos que se diz que provêm dos astros, estes são mais sinais do que causas; os acontecimentos que realmente provêm dos astros diferem entre si pelas circunstâncias - já que não pode haver as mesmas ocorrências para todos os homens - quer seja quanto ao momento do nascimento, aos lugares distantes e às disposições das almas. Também não se deve querer que todos sejam bons, nem ficar se queixando porque as coisas sensíveis não são como as do alto - porque isso é impossível; o mal deve ser entendido como o empobrecimento da sabedoria, e diminuição contínua e progressiva do bem; não há porque dizer que a natureza é má porque não é a Alma sensível, ou que a sensibilidade é má porque não é a razão. Caso contrário, acabar-se-á por admitir que o mal existe até no mundo inteligível, porque a Alma é inferior à Inteligência e esta é inferior ao Outro[126].

126. A partir de "o mal deve ser entendido [...]" o texto é bastante complicado; para começar, esta mesma frase - "τῴ τε κακῴν μώε νομῶζειν ὓλλο τι ώε τῴ ενδεώστερον" já pode traduzir-se negativamente: "o mal não deve ser entendido (somente) como [...]" (Armstrong, J.M.Q.); na frase seguinte, sobre se a natureza é má, todos concordam: não se deve dizer que é má só porque uma coisa não é a outra; e mais ainda concordam em que não há mal nos Inteligíveis. A dificuldade está em fazer combinar as quatro afirmações - o sensível não é como o inteligível, o mal não é só diminuição, a natureza não é má, nos Inteligíveis não há mal - de modo a formar um todo coerente; se se aceitar que "o mal não deve ser entendido só como diminuição do bem, está se aceitando a existência do mal positivo, que conflita com as outras três frases e com toda a base teórica de Plotino na luta contra os gnósticos". Por isso é de admirar que Armstrong (nota 2, p. 276-277) fale no "pessimismo cósmico" de Plotino, porque noutras passagens (III, 8, 8, 35-36; III 7, 11, 15ss.) aceita que toda a processão, mesmo nos Primeiros Princípios, é um mal. Ora em III 7,11 Plotino fala da "criação" do tempo, do movimento e da matéria pela Alma; e na nota a essa passagem (vol. III, p.339, n. 2) o próprio Armstrong não fala em admitir pessimismo ou o "mal" no Inteligível, mas apenas em que "o princípio de um processo de desenvolvimento é mais perfeito do que o seu fim". Só na nota à processão da Inteligência (vol. III, p. 386-387, n. 1), que seria resultado de um rebaixamento na geração é que assinala que "não é usual esse tom pessimista de Plotino". É de fato tão pouco usual que parece que está mais na opinião de Armstrong do que na de Plotino. Aliás outros tentam salvar a coerência das quatro frases com adendos: Bréhier (p. 130, n. 1) diz que uma parte do texto parece alterada e insere: "se o mal consiste em não ser apenas a realidade superior" seriam os gnósticos forçados a admitir coisas absurdas; mas a frase não resolve, porque se o mal não é só isso, quem vence o debate são os gnósticos. Já MacKenna inclui: "seria repetir o erro de confundir a nossa esfera com a superior e tratar o mal como (etc.)" o que traz mais confusão ainda, pois seria supor dois tipos de males, o superior e o inferior. Mas fica um sério problema: se o mal é só uma diminuição do bem, há razão para afirmar que na processão das Três Hipóstases há mal, o que é um absurdo, como diz Plotino com razão. Contudo: será que se deve identificar sempre o menos bem com o mal? O que é que significa mal? Qual a diferença entre mal inteligível e mal voluntário?

14 Um erro maior deles é ensinar que os seres do alto não são puros. Quando pronunciam palavras mágicas e as dirigem a esses seres e não só à Alma, mas também aos Princípios que lhe são superiores, o que pretendem é encantá-los, fasciná-los, apaziguá-los. Julgam por isso que os seres divinos nos ouvem, e que obedecem a quem sabe pronunciar habilmente esses cantos, esses gritos, essas aspirações, esses assobios, todas as práticas das quais está escrito que têm poder mágico sobre o mundo superior. Se não é isso que querem dizer, então como é que os seres superiores obedecem aos sons? Assim, com as palavras que fazem parecer a sua arte mais respeitável, eles mesmos, sem o perceber, tiram todo o respeito aos seres superiores.

Pretendem ser capazes de expulsar as doenças; se o fizessem pela temperança e uma vida regrada como a dos filósofos, até que seria uma pretensão sensata. Mas eles consideram as doenças como maus espíritos, que eles podem expulsar com as suas palavras, e se vangloriam disso para fazer boa figura como homens respeitáveis diante do povo comum, que sempre admira os poderes mágicos; mas não podem convencer os homens sensatos de que as doenças não têm suas causas no cansaço, no excesso ou na deficiência ou na degradação, coisas que podem ser observadas e que têm algum princípio fora de nós, ou dentro. Prova disso é a própria terapia. A doença se expulsa com um purgante que alivia os intestinos, ou com uma poção; e a dieta também cura, como a sangria. É porque o mau espírito tem fome, ou porque a poção o enfraquece? E quando a pessoa se cura, o espírito mau fica, ou sai? Se fica, como é que a cura se pode dar? Mas se sai, por que sai? O que aconteceu? Talvez digam: é porque ele se alimentava da doença. Nesse caso, a doença e o mau espírito não eram a mesma coisa. Se entra sem que exista doença, por que o corpo não está sempre doente? Se entra num corpo quando já há nele uma causa natural de doença, em que contribui para essa doença? A causa é suficiente para produzir a febre, e é ridículo admitir que, mal aparece a causa, aparece junto com ela um espírito mau para lhe dar assistência.

Está agora suficientemente explicado e claro por que é que eles dizem tudo isso – foi esse o motivo de lembrarmos a doutrina deles acerca dos espíritos. As restantes opiniões deixo a vós o cuidado de examinar nos escritos deles; assim podereis sobretudo compreender que o novo gênero de filosofia, entre outras coisas, recomenda a simplicidade de costumes, a pureza de pensamento, procura a austeridade e não a arrogância, inspira uma confiança cheia de razões, prudência e circunspecção; e assim comparai a doutrina deles com a nossa e vereis como são diferentes em tudo. E este ponto não precisa mais ser examinado.

15 Deve-se ter especialmente em conta o efeito que produzem nas almas dos ouvintes as palavras deles quando persuadem a desprezar o cosmo e tudo o que está nele. No que se refere à finalidade da vida humana, há duas teorias: uma que coloca o fim nos prazeres do corpo, outra que prefere a beleza e a virtude[127]. Destes recebemos de Deus um desejo, que a Ele nos leva, e do qual trataremos noutro lugar[128]. Epicuro[129], que nega a providência divina, aconselha-nos a buscar a única coisa que nos resta: a satisfação dos prazeres. Mas a doutrina daqueles tais ainda é pior, porque ofende o Senhor da Providência e a própria Providência, ultraja todas as leis conhecidas e a virtude venerada há tanto tempo, ridiculariza a temperança e não deixa subsistir a honestidade, nem a justiça que nasce nas almas e se aperfeiçoa com a prática. Em resumo: destroem tudo o que para o homem pode tornar-se sabedoria. Não fica mais nada a não ser buscar o prazer, pensar em si mesmo, fugir da comunidade dos outros homens, cuidar somente do interesse pessoal - a não ser que pela própria inclinação natural algum deles seja superior a essas doutrinas. Para eles não há nenhuma finalidade honesta na vida, e só vão atrás de outras coisas.

Contudo, para aqueles que têm um mínimo de conhecimento, é aqui que temos o ponto de partida para a divindade; pois temos uma natureza divina e, aplicando-a às coisas da Terra, chegamos aos Primeiros Princípios[130]. A essa natureza pertence intuir o que é honesto, pois ela despreza os prazeres do corpo; mas aqueles que não participam da virtude certamente não podem aspirar às coisas do alto. A prova da validade das nossas críticas é que eles não falam da virtude, nunca se ocupam dela, mas deixam-na completamente de lado; não a

---

127. Por "vida bela" entende-se a "vida honesta", ou aquela que procura o bem.

128. Cf. *Enéada*. I, 8, 1, que cronologicamente foi redigido posteriormente, embora na edição das *Enéadas* tenha sido colocado antes.

129. Epístola III.

130. Há outras traduções possíveis desta passagem.

definem, não dizem quais são as suas várias espécies, não têm uma palavra acerca de quantas coisas belas os antigos escreveram, não dizem como ela se adquire nem como se conserva, nem como se guarda e se purifica a alma. Seu preceito "contempla a Deus" não vale nada se não se ensina como contemplar. Que é que nos impede, poderíamos perguntar-lhes, de contemplar a Deus sem abster-nos do prazer, ou sem reprimir a ira, de lembrar-nos continuamente do nome de Deus, mas continuar sob o domínio de todas as paixões, sem nada fazer para livrarmo-nos delas? Só a virtude interior da alma, progredindo na perfeição e acompanhada pela prudência, nos mostra a Deus. Sem a virtude verdadeira, Deus é só um nome.

16 Ninguém pode ser bom se despreza o cosmo, os deuses e todas as coisas boas que nele estão. Desprezar os deuses é a principal característica do malvado; e se seu início não fosse ruim[131] e não fosse mau sob outros aspectos, mas chegasse a esse desprezo, só por isso já seria mau. O respeito que eles dizem professar aos divinos inteligíveis é prova de incoerência.

Quando se ama um ser, ama-se tudo o que lhe diz respeito – estende-se aos filhos o afeto que se tem aos pais. Ora toda alma é filha do Pai celestial. As almas que presidem os astros são intelectuais, boas e mais próximas a Deus do que as nossas. Como poderia o cosmo sensível estar separado do mundo inteligível? Como podem os deuses ficar separados? Já demonstramos antes a impossibilidade dessa separação; agora afirmamos que quem não respeitar os seres tão perto dos que ocupam o primeiro lugar só os conhece de nome. Como pode ser piedoso pretender que a Providência Divina não se estende às coisas sensíveis, ou que não se ocupa ao menos de algumas delas? Que coerência existe em dizer que a Providência só cuida deles mesmos? Isso era quando viviam na região superior, ou desde que vivem aqui embaixo? Se na região superior, por que desceram? Se neste mundo, por que continuam nele? Como sabem que Deus não está aqui? Se não for assim, como pode Ele saber que os que estão aqui embaixo não o esqueceram e não se perverteram? Se conhece os que não se

131. Outra tradução possível: toda maldade começa pelo desprezo dos deuses.

tornaram maus, também deve saber dos outros, para poder distingui-los. Ele está presente de algum modo em todas as coisas e no cosmo. E assim o cosmo participa dele. Se estivesse ausente do cosmo, estaria também de vós, e não poderíeis dizer nada dele nem dos que vêm depois dele. Que Ele vos proteja com a Providência ou com a graça do alto - seja qual for o nome que lhe deis -, pois é certo que o cosmo lhe deve a existência e não é nem será abandonado por Ele. O Todo recebe mais cuidados da Providência do que as partes, e a participação da Alma é a mais perfeita: é o que prova a existência das coisas e a sua ordem sábia. Qual desses insensatos e pretensiosos é tão bem ordenado e sensato como o Todo? Tal comparação é até ridícula e absurda; fazê-la só não é uma impiedade porque a discussão o pede. Levantar essas questões é próprio de algum tolo e cego, que não é capaz de perceber nem de raciocinar, que está tão longe de conhecer o cosmo inteligível que não vê nem sequer este nosso mundo. Pois que músico há que, tendo aprendido a harmonia inteligível, não se sensibilize ao ouvir os sons sensíveis? E aquele que sabe geometria e aritmética não gosta de ver a simetria, a analogia e a proporção nas coisas visíveis? Aqueles que veem com os olhos sensíveis as produções da arte da pintura não veem todas as coisas da mesma maneira; mas quando se veem nas coisas sensíveis as imagens das inteligíveis, a recordação das verdades desperta em nós. E essa é a experiência de onde nasce o amor. Quando se vê a beleza num rosto, o espírito se eleva; mas um espírito pesado, insensível, é incapaz de contemplar as belezas do mundo, a harmonia, a ordem grandiosa, o espetáculo dos astros distantes; quem não se comove nem se admira com esse esplendor e magnificência? Só não o sente quem não apreciou as coisas deste mundo nem tem nenhuma visão do outro.

17 Dizem eles que a repulsa à natureza do corpo a devem à leitura de Platão, que se queixa muito do corpo, o acusa de ser um prejuízo para a alma, e diz que toda a natureza do corpo é inferior; deixem então de lado o corpo do mundo e considerem o restante: a esfera inteligível que contém a forma do cosmo, a ordem das almas que comunica a grandeza incorpórea e leva o inteligível até à extensão, de modo a fazer uma representação do paradigma - a magnitude desse poder sendo transmitida à grandeza da massa sensível.

Quer, pois, considerem a Esfera celeste como sendo movida pelo poder divino que a mantém como princípio, meio e fim, quer a considerem imóvel e sem exercer ainda sua ação sobre aquilo que governa, de qualquer modo farão uma ideia correta da Alma que conduz o Todo. Concebam, então, que ela tem um corpo, mas sem sofrer nada dele, já que os deuses não podem padecer – e comunicando-lhe todas as coisas que ele pode receber – e assim farão uma ideia correta do cosmo; perceberão quão poderosa é a Alma do cosmo que é capaz de fazer com que a natureza de um corpo sem beleza seja levada a participar do que é belo; e embelezado por ela arrebata as almas divinas.

Talvez eles se mostrem insensíveis ao ponto de não fazer diferença entre os corpos belos e os que o não são. Nesse caso também não distinguem a conduta reprovável da belaza, nem na ciência, nem na contemplação; e nem sequer em Deus. Pois as coisas deste mundo provêm dos Primeiros Princípios; se as daqui não são belas, também não o são as do alto; belas são as coisas daqui, embora menos do que as de lá. E já que anunciam seu desprezo pela beleza sensível, que o apliquem aos mancebos e às mulheres para que não os arraste a incontinência. Mas, prestem atenção: eles não se contentam com desprezar o que é feio, mas aquilo que antes haviam reconhecido como belo.

Repare-se que a mesma beleza não se encontra nas partes e no todo, ou no todo como em todos; é preciso reconhecer a beleza mesmo no mundo dos sentidos, ou nas partes do todo, ou nos espíritos, suficientes para nos fazer admirar aquele que as fez, e fazer-nos acreditar que têm origem na beleza do alto; elas não podem nos mostrar, mas podem nos elevar à compreensão do alto, se não nos entregarmos aos seres sensíveis. Se o inferior é belo, está em harmonia com as outras coisas, mas, se é ruim, os melhores se afastam. Nada do que é mau por dentro pode ser belo no exterior: o exterior só pode ser belo se recebe o poder do interior. Os que se chamam belos, e são feios interiormente, não têm por fora mais do que uma beleza enganadora. Se alguém me disser que viu um corpo formoso numa alma feia, eu o contestarei: o que temos aqui é uma falsa noção de beleza – a não ser, é claro, que a maldade interior fosse um acidente numa natureza essencialmente boa; de fato, neste mundo, há muitos obstáculos que nos impedem de atingir o nosso fim. Mas para o Todo pode haver um obstáculo que o impeça de possuir a beleza interior junto com a exterior? Os seres aos quais a natureza não deu desde o seu princípio a perfeição podem não alcançar a sua finalidade e, portanto, perverter-se. Mas o Todo nunca passou pelo estágio infantil ou foi incompleto; não se desenvolveu, nunca cresceu no seu corpo, pois de onde poderia receber algo? Nele está tudo. Também a Alma não passou por isso. Contudo, mesmo que se concordasse neste ponto, não viria daqui nenhum mal.

18 Mas talvez digam: a nossa doutrina inspira afastamento e repulsa do corpo, enquanto a vossa reúne o corpo à alma. É como se dois hóspedes habitassem ao mesmo tempo uma bela casa, e um deles criticasse a planta e o construtor, e continuasse a viver nela, e o outro não se queixasse, elogiasse a competência do construtor, e aguardasse pelo dia em que fosse deixar essa casa quando já não precisasse dela. O descontente se imagina mais sensato e bem preparado para sair porque aprendeu que as paredes são feitas de materiais inanimados, pedras e vigas, e que a casa está longe de corresponder a uma casa inteligível; mas ele não sabe que a diferença que o separa do outro é que ele não é capaz de perceber o que é necessário; e o seu companheiro, que não censura a casa, saberá afastar-se sem saudade, porque só com moderação se aprecia a beleza das coisas de pedra. Enquanto temos um corpo, moramos nessas casas que nos preparou a nossa bondosa irmã Alma, que, sem trabalho, tem poder para produzir tais coisas. De boa vontade eles chamam irmãos aos piores dos homens; mas será que negam esse nome ao sol e aos outros poderes celestes e até à Alma do cosmo? É certo que esse parentesco não é para gente ruim; deveremos ter nos tornado bons, que não sejamos corpos, mas almas nos corpos e que, tanto quanto possível, habitemos esses corpos como a alma do Todo habita no corpo universal. Isso exige continência, autodomínio, firmeza diante dos prazeres do ouvido e da vista, e que nenhum revés nos perturbe. A Alma não se perturba; ela está imune a tudo. Mas nós, aqui expostos aos ataques, precisamos da virtude para repeli-los, enfraquecendo-os com nossa concepção de vida e fortaleza amadurecida. Quando nos tivermos aproximado dessa imunidade começaremos a nos parecer com a Alma e com os astros; e ao chegar à semelhança delas, pelos nossos esforços, contemplaremos o que essas almas contemplam desde o começo. Há homens que dizem que essa dignidade está reservada somente a eles, mas não é por dizê-lo que o alcançam. Também se orgulham de ter que deixar seus corpos quando terminarem esta vida, ao passo que os deuses não podem fazê-lo porque estão para sempre ligados à ordem cósmica. Dizem isso porque não sabem o que é estar fora do corpo e de que maneira a Alma governa o que é inanimado. Podemos, sim, não amar o corpo, chegar a ser puros, não temer a morte, conhecer as coisas do alto e procurar o outro mundo; mas não invejemos por isso os outros homens que são capazes de buscar o mesmo objetivo e atingi-lo. Não vamos cair no mesmo erro dos que negam o movimento dos astros porque para os nossos sentidos parecem imóveis; ou no erro de acreditar que a natureza dos astros não vê o que lhes é exterior, porque eles mesmos não veem essa natureza aparecer exteriormente.

BIBLIOGRAFIA

1 Dicionários

BAILLY, A. *Dictionnaire Grec-Français*. Paris: Hachette, 1950 [1894 - Colaboração de E. Egger, revisão de Séchan e Chantraine].

LIDDELL, H. & SCOTT, R. *A Greek-English Lexicon*. Oxford: Clarendon, 1996 [1843 - Revisão de H. Stuart Jones e R. McKenzie].

PEREIRA, I. *Dicionário Grego-português e Português-grego*. 5. ed. Porto: Apostolado da Imprensa, 1976 [1951].

PERSCHBACHER, W. (org.). *The New Analytical Greek Lexicon*. Peabody: Hendrickson, 1995 [1990].

2 Textos em grego

PLOTIN. * Énnéade II*. Paris: Les Belles Lettres, 1993 [Tradução de É. Bréhier].

PLOTINI. *Opera*. 3 vols. 6. impr. [s.l.]: Oxford University Press, 1991 [Organização de P. Henry e H.R. Schwyzer].

PLOTINO. *Enneadi*. Milão: Bompiani, 2000 [Tradução de G. Faggin].

PLOTINUS. *Ennead*. Cambridge/Londres: Harvard University Press/ Loeb Classical, 1996 [1990 - Tradução e organização de A.H. Armstrong].

3 Traduções completas

PLOTIN. * Énnéade II*. Paris: Les Belles Lettres, 1993 [Tradução de É. Bréhier].

PLOTINO. *Enneadi*. Milão: Bompiani, 2000 [Tradução de G. Faggin].

______. *Las Enéadas*. 4 vols. Madri: Nueva Biblioteca Filosófica, 1930 [Versão castelhana de J.M.Q.].

PLOTINUS. *The Six Enneads*. Chicago: Encyclopedia Britannica, 1926-1930 [Tradução de S. MacKenna e B.S. Page].

PLOTINUS. *Ennead*. Cambridge/Londres: Harvard University Press/ Loeb Classical, 1996 [1990 - Tradução e organização de A.H. Armstrong].

4 Traduções parciais em português (não incluem tratados da II Enéada)

PLOTINO. *Tratados das Enéadas*. São Paulo: Polar, 2000 [Tradução de A. Sommerman].

______ Sobre a beleza: I, 6. In: DUARTE, R. (org.). *O belo autônomo*. Belo Horizonte: UFMG, 1997, p. 39-48 [Tradução de I. Quiles, 1981].

______ *O amor* - Enéada III, tratado 5. São Paulo: Cultura Brasileira, c. 1950, p. 151-176 [Tradução de A. Pinheiro].

5 Comentários

BRÉHIER, É. *La filosofía de Plotino*. Buenos Aires: Sudamérica, 1953 [Tradução de L.P. Prebisch].

BRUN, J. *O neoplatonismo*. Lisboa: Ed. 70, 1991 [Paris: PUF, 1988].

LUPI, J. A cosmologia de Plotino. In: BAUCHWITZ, O.F. (org.) *O neoplatonismo*. Natal: Argos, 2001, p. 183-190.

PÉREZ ESTÉVEZ, A. *La materia* – De Avicena a la Escuela Franciscana. Maracaibo: Ediluz, 1998.

SAMBURSKY, S. *The Physical World of Late Antiquity*. Londres: Routledge, 1962 [Tradução de M. Dagut].

______. *The Physical World of the Greeks*. Londres: Routledge, 1956 [Tradução de M. Dagut].

SCHRENK L. (org.). *Aristotle in Late Antiquity* – Studies in Philosophy and the History of Philosophy. Vol. 27. Washington D.C.: The Catholic University of America Press, 1994.

VACHEROT, É. *Histoire critique de l'École d'Alexandrie* [s.n.t.].

pensamento humano

Confira outros títulos da coleção em

livrariavozes.com.br/colecoes/pensamento-humano

ou pelo Qr Code

EDITORA VOZES LTDA.
Rua Frei Luís, 100 – Centro – Cep 25689-900 – Petrópolis, RJ
Tel.: (24) 2233-9000 – E-mail: vendas@vozes.com.br